高等职业教育轨道交通类校企合作系列教材

车站工作组织

CHEZHAN GONGZUO ZUZHI

主　编　代明莉
副主编　刘婉玲
参　编　李　超　吕冬梅
主　审　冯春祥

西南交通大学出版社
·成都·

图书在版编目（CIP）数据

车站工作组织/代明莉主编. —成都：西南交通大学出版社，2015.8
高等职业教育轨道交通类校企合作系列教材
ISBN 978-7-5643-4115-2

Ⅰ.①车… Ⅱ.①代… Ⅲ.①轨道交通-铁路车站-行车组织-高等职业教育-教材 Ⅳ.①U292.1

中国版本图书馆 CIP 数据核字（2015）第 182600 号

高等职业教育轨道交通类校企合作系列教材

车站工作组织

主编 代明莉

责 任 编 辑	周 杨
封 面 设 计	墨创文化
出 版 发 行	西南交通大学出版社 （四川省成都市金牛区交大路 146 号）
发 行 部 电 话	028-87600564　028-87600533
邮 政 编 码	610031
网　　　　址	http://www.xnjdcbs.com
印　　　　刷	成都中铁二局永经堂印务有限责任公司
成 品 尺 寸	185 mm × 260 mm
印　　　　张	11.25
字　　　　数	274 千
版　　　　次	2015 年 8 月第 1 版
印　　　　次	2015 年 8 月第 1 次
书　　　　号	ISBN 978-7-5643-4115-2
定　　　　价	28.00 元

课件咨询电话：028-87600533
图书如有印装质量问题　本社负责退换
版权所有　盗版必究　举报电话：028-87600562

前　言

铁道交通运营管理专业的毕业生将面向国营铁路、地方铁路、城市轨道交通及设有专用线或专用铁路的大中型企业的铁路运输部门的接发列车工作、客运组织工作、车站计划工作、货运组织工作和运输调度工作五大岗位群就业，"车站工作组织"课程对应其中的车站计划工作岗位群，主要涉及车站调度员、调车区长、调车员、车号员、统计（报告）员等工种，对实现专业培养目标起着重要的支撑作用，是一门专业核心课。

专业建设是高职院校教学改革的切入点，课程改革是其中的核心，而教材的建设是课程改革的载体。我们根据国家职业标准规定的课程对应岗位所需的专业相关理论知识要求和专业操作技能要求，选取和确定了教材的具体内容，全书主要包括概述、货物列车及货车技术作业过程、车站作业计划、调车工作、车站统计工作、车站通过能力与改编能力共六章。

参加本书编写工作的人员有：辽宁铁道职业技术学院代明莉（第一、第二和第三章），辽宁铁道职业技术学院刘婉玲（第四和第六章），辽宁铁道职业技术学院李超（第五章的第一、第二和第四节），湖南铁路科技职业技术学院吕冬梅（第五章的第三节）。全书由代明莉担任主编，刘婉玲担任副主编，沈阳铁路局运输处冯春祥担任主审。

由于编者水平有限，书中难免存在错误和疏漏之处，敬请读者批评指正，在此先表谢意！

编　者
2015 年 3 月 5 日

目 录

第一章 概 述 ... 1
第一节 铁路运输的作用及运输生产过程 ... 1
第二节 铁路车站 ... 4
第三节 列 车 ... 5
技能训练 ... 12

第二章 货物列车及货车技术作业过程 ... 15
第一节 技术站的货物列车技术作业 ... 15
第二节 货车在站技术作业过程 ... 27
技能训练 ... 33

第三章 车站作业计划 ... 36
第一节 车站班计划 ... 36
第二节 阶段计划 ... 48
第三节 调车作业计划 ... 55
技能训练 ... 67

第四章 调车工作 ... 75
第一节 调车工作概述 ... 75
第二节 牵出线调车 ... 81
第三节 驼峰调车 ... 85
第四节 中间站调车 ... 89
技能训练 ... 93

第五章 车站统计工作 ... 95
第一节 现在车统计 ... 95
第二节 装卸车统计 ... 112
第三节 货车停留时间统计 ... 120
第四节 区间装卸作业统计 ... 126
技能训练 ... 132

第六章 车站通过能力与改编能力 ……………………………………… 135
第一节 概　述 ……………………………………………………… 135
第二节 咽喉道岔组通过能力 ……………………………………… 140
第三节 到发线通过能力 …………………………………………… 147
第四节 车站改编能力 ……………………………………………… 150
第五节 提高车站能力的措施 ……………………………………… 156
第六节 车站工作日计划图 ………………………………………… 158
技能训练 ……………………………………………………………… 169

第一章 概　述

运输是人和物借助交通工具的载运产生有目的的空间位移。交通运输是经济发展的基本需要和先决条件，是现代工业的先驱和国民经济的先行部门，是国土开发、城市和经济布局形成的重要因素，对促进社会分工、大工业发展和规模经济的形成、巩固国家的政治统一和加强国防建设、扩大国际经贸合作和人员往来发挥着重要作用。总之，交通运输具有重要的经济、社会、政治和国防意义。

铁路行车组织是铁路运输组织的重要组成部分，是运用铁路线路及站场、铁路通信信号、铁路机车车辆等各种技术设备，合理组织列车运行、实现旅客和货物运输过程的计划和组织工作。

铁路行车组织的主要内容包括车站行车工作计划及组织、铁路局行车工作计划及组织两大部分。

第一节　铁路运输的作用及运输生产过程

一、现代化运输方式的特点

现代化运输方式主要包括航空运输、水路运输、公路运输、管道运输和铁路运输五种，这五种运输方式在技术、经济上各有长短。

（一）航空运输

航空运输是使用飞机或其他航空器作为载体的一种运输方式，也叫空中运输。航空运输最大的特点是速度快，但是同时运输费用也比较高，容易受到天气因素的影响。而且，由于机场一般都设置在城市的边缘，到、离机场所消耗的时间比较长，因此中长距离运输更能体现其速度快的优势。

（二）水路运输

水路运输是使用船舶运送旅客和货物的一种运输方式。水路运输的最大特点是装载量大，运输费用较低，但是受地理条件限制严重，而且速度较慢，同时也容易受天气因素的影响。

（三）公路运输

公路运输是以汽车为运输工具运送旅客和货物的一种运输方式。公路运输最大的特点是灵活，短途运输的速度较快，但是装载量小，单位运输量的能源消耗大，受设备和人为因素的影响较大，容易出现安全问题，运输费用也不低，同时对大气污染严重。

（四）管道运输

管道运输是一种以管道为运输工具输送气体、液体或带固体颗粒的流体的运输方式。通常，流体经鼓风机、压缩机、泵和锅炉等增压后，从管道的高压处流向低压处，也可利用流体自身的压力或重力输送。管道运输的最大特点是运输费用较低，但是适用的运输品类范围非常窄。

（五）铁路运输

铁路运输是以铁路线路为基础，以铁路机车车辆组成的列车为载体运送旅客和货物的一种运输方式。铁路运输的最大特点是非常适合中长距离的大宗散装货物的运输和中长距离的旅客运输，同时不容易受天气因素影响，也比较安全。

以上五种现代化的运输方式在各自最擅长的领域发挥着自己的优势，共同构建了我国立体的综合交通运输体系。

二、铁路运输在国民经济中的地位和作用

随着其他运输方式的迅速崛起和发展，铁路运输在短途客运上受到来自公路运输的有力竞争，在中长途客运上则受到来自航空运输的有力竞争，多年的"铁老大"地位已被深深撼动。但是由于铁路运输方式的特点与我国的国情非常适应，例如，在货物运输方面，由于我国的原油、矿产资源大部分分布在西部、北部，而大量需要利用这些资源的加工工业则集中在东部和南部，这就形成了我国大宗散装货物长途、持续运输的特点，而铁路最适合这种运输；在旅客运输方面，因为我国国土面积广阔，东西横跨 5 400 多 km，南北纵贯 5 200 多 km，客观上决定了长途旅行客流的比重，同时由于经济条件的限制和对安全、舒适的要求，大部分长途旅行的旅客选择航空旅行和汽车旅行的可能性比较小，而铁路运输在这方面也具有较大优势，成为大部分长途旅客的首选交通工具。因此，铁路运输在我国国民经济中的大动脉地位和作用，仍将在很长的时期内不可替代。近年来，我国铁路运输企业为了应对来自各方的竞争压力，也在不断进行改革探索，如在旅客运输方面大力发展高速运输，在货物运输方面大力发展重载运输、快捷运输，顺应市场需要不断推出各种新形式的客货列车等，这些措施将有助于巩固铁路运输的地位和作用。

三、铁路运输的产品及生产过程

（一）铁路运输的产品

铁路运输与其他运输企业一样，都要进行生产，铁路运输生产就是利用铁路线路及站场、铁路机车车辆、铁路铁路通信信号等技术设备，将旅客或货物以列车的方式从一个地点运送到另一个地点。

运输企业不生产具体形态的产品，只是完成了旅客或货物在空间的位移，其产品就是"位移"，产量单位是周转量，分别用"人·公里"和"吨·公里"来表示旅客周转量和货物周转量。

（二）铁路运输生产过程

铁路运送旅客和货物，一般要经过始发站的发送作业、运送途中的中转作业和终到站的到达作业等一系列作业过程。以整车货物运输为例，铁路货物运输的生产过程如图1-1所示。

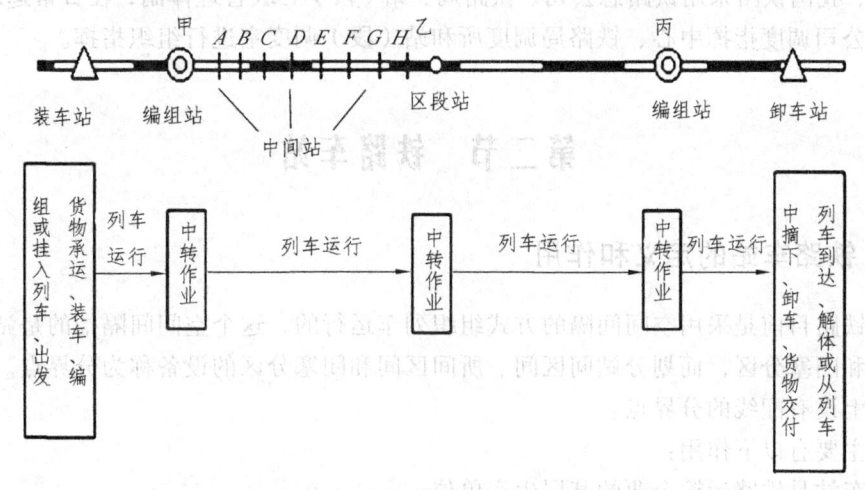

◎—编组站，○—区段站，｜—中间站

图1-1　铁路整车货物运输生产过程示意图

1. 装车站的作业

首先，发货人向车站办理托运手续，经铁路承运后组织装车，然后按规定挂在有关列车中随列车一起由车站发出。

2. 运送途中的作业

为了保证运行过程中列车的安全和所运货物的完整，列车在经过各个技术站时，除了要办理列车的接发作业外，还要办理列车的相关中转技术作业，如列车中车辆的技术检修、牵引机车的更换等。

3. 卸车站的作业

列车到达卸车站后，要将装有到达本站卸的货物的货车从列车中分出，然后将其送往卸车站指定的卸货地点进行卸车，并保管卸后的货物，向收货人发出到货通知，最后将货物交付给收货人。

至此，该车所装货物就从装车站运送至了卸车站，完成了空间上的位移，该车货物的运输生产过程即结束。

四、铁路运输的组织机构

2005年3月18日，中国铁道部正式对外宣布：撤销铁路分局，减少管理层次，由原来的"铁道部—铁路局—铁路分局—站段"四级管理体制，改为"铁道部—铁路局—站段"三级管理模式。

2013年3月10日，国务院机构改革方案正式公布，铁道部实行铁路政企分开，撤销铁道部，组建国家铁路局，国家铁路局由新成立的交通运输部管理，将铁道部拟订铁路发展规划和政策的行政职责划入交通运输部，而铁路总局承担铁道部的其他行政职责，同时组建中国铁路总公司，承担铁道部的企业职责。2013年3月17日，中国铁路总公司正式挂牌。

目前，我国铁路采用铁路总公司、铁路局、站（段）三级管理体制，在日常运输生产中，由铁路总公司调度指挥中心、铁路局调度所和站（段）调度室进行组织指挥。

第二节 铁路车站

一、铁路车站的定义和作用

我国铁路目前是采用空间间隔的方式组织列车运行的，这个空间间隔指的是站间区间、所间区间和闭塞分区，而划分站间区间、所间区间和闭塞分区的设备称为分界点。车站则是铁路线路上设有配线的分界点。

车站主要有以下作用：

（1）车站是铁路运输企业的基层生产单位；

（2）车站是办理客货运输的始发、中转和终到作业的场所；

（3）车站是将铁路线路划分成区间、区段的分界点。

铁路线路任意两个相邻的车站（线路所）之间的线路空间称为铁路区间。

二、车站的分类

（一）按车站所办理的业务性质分

按车站所办理的业务性质不同可分为客运站、货运站和客货运站。

1. 客运站

客运站是专门为办理旅客运输而设置的车站。通常设在有大量旅客到发的地点，主要办理旅客列车的始发、终到作业，并为旅客提供相关服务。

2. 货运站

货运站是专门为办理货物运输而设置的车站。一般设在有大量货物装卸的地点，主要办理货物列车的始发、终到作业，以及与货物运输相关的业务。

3. 客货运站

铁路网上专门办理客运或专门办理货运业务的车站只是少数，绝大多数车站既要办理客运业务又要办理货运业务，这样的车站称为客货运站。

（二）按车站所办理的技术作业分

按车站所办理的技术作业不同可分为编组站、区段站和中间站，其中编组站和区段站统称为技术站。

1. 编组站

编组站通常设置在路网上有大量车流集散的地点，主要承担大量中转车流的改编作业，有"列车制造工厂"之称。

2. 区段站

区段站一般设置在货物列车牵引区段的分界处或区段车流的集散地点，为相邻区段内运行的列车提供牵引动力，并承担部分中转车流的改编作业。

铁路线路上两个相邻技术站间的线路空间称为铁路区段。

3. 中间站

为提高铁路区段的通过能力及为铁路沿线城镇居民及工农业生产服务，而在铁路区段内设置的车站称为中间站。中间站主要办理列车的接发、通过作业及少量的客货运业务。

此外，车站还可以按其所办理的作业量大小分为特、一、二、三、四、五等站。

第三节 列 车

一、列车应具备的条件

铁路运输企业完成旅客和货物运输是以列车的形式进行的，而列车必须具备以下三个条件：

（1）按列车编组计划、列车运行图及《铁路技术管理规程》（以下简称《技规》）等规定编成的车列；

（2）挂有牵引本次列车的机车；

（3）具有规定的列车头部及尾部标志。

动车组列车为自走行固定编组列车。

单机（包括单机挂车）、大型养路机械及重型轨道车，因运输需要发往区间时，由于其编组内容较一般列车简单，因而部分条件可以简化，不必完全具备列车条件，即没有车列或部分列车标志，但其他运行条件仍须符合《技规》的规定，并在办理闭塞、接发列车手续和要求上，在服从调度指挥及发生事故处理等方面，均应按照列车运行的规定办理。

二、列车的分类

随着铁路运输事业的发展，为满足旅客和货物运输的不同需要，列车按运输性质主要分为以下五种。

1. 旅客列车

旅客列车是为运送旅客开行的列车。根据旅客列车的车底及运行速度或旅行速度等，可分为动车组、特快、快速、普通旅客列车。

2. 特快货物班列

特快货物班列是指使用行李车或邮政车等客车车辆，根据需要编组，整列装载行李、包裹和邮件等的列车。

3. 军用列车

军用列车是为运送军队和军用物资开行的列车。

4. 货物列车

货物列车是为运送货物和排送空货车开行的列车，分为快速货物班列、五定班列、快运、重载、直达、直通、冷藏、自备车、区段、摘挂、超限及小运转列车。

（1）快速货物班列：使用专用货车（如P65等）运送行包等的列车。

（2）五定班列：定点、定线、定车次、定时、定价的货物列车。

（3）快运货物列车：采用运行速度120 km/h的专用车辆，以高附加值货物为重要运输对象的快速列车。

（4）直达货物列车。

（5）直通货物列车。

（6）冷藏货物列车：利用机械冷藏车专门运送鲜活、易腐等需要保持特定温度的货物的列车。

（7）自备车列车：全部用企业自备车编组而成的列车。

（8）区段货物列车。

（9）摘挂货物列车。

（10）超限货物列车。

（11）小运转列车。

5. 路用列车

路用列车是不以营业为目的，专为完成铁路本身任务而开行的列车，如试验列车，运送铁路器材、路料的列车，因施工、检修需要开行的轨道车、接触网作业车、大型养路机械车组等。

除上述五种列车以外，还有为执行任务而开行的特殊用途列车，如专运、救援列车等。

三、货物列车的分类

按货物列车产生的地点不同可分为在装车站组织的列车和在技术站组织的列车。

1. 装车站组织的列车

在装车站始发，由装车站（包括中间站和技术站）本站所装的车辆组成的列车为装车站组织的列车。装车站组织的列车主要是各种直达列车。

所谓直达列车是指经过一个及其以上编组站而不解体的货物列车。

装车站组织的列车主要包括以下几种：

（1）始发直达列车：在同一车站的一个或几个装车地点，由一个或几个发货单位所装车辆组成的直达列车。

（2）阶梯直达列车：由同一区段内（包括衔接的支线）或同一枢纽内的几个车站所装车辆组成的直达列车。到达同一区段内几个邻近车站卸车的直达列车称为反阶梯直达列车。

（3）循环直达列车：以一定类型和数量的货车组成，在固定的装（卸）站间不拆散，循环往返运行的直达列车。

（4）整列短途列车：具有装车站组织的直达列车的特征，由同一站装车、同一站卸车，但是途中不经过编组站即终到的列车。

2. 技术站组织的列车

在技术站始发，由技术站本站所装卸的车辆以及其他站所装卸、在本站进行中转的车辆（中转车）组成的列车，或完全由中转车组成的列车为技术站组织的列车。

技术站组织的列车主要包括以下几种：

（1）技术直达列车：在技术站以中转车、本站装卸的车辆组成的直达列车。

（2）直通列车：在技术站以中转车、本站装卸的车辆组成的、经过一个及其以上区段站不解体的货物列车。

（3）区段列车：在技术站以中转车、本站装卸的车辆组成的、在两相邻技术站间开行且在区段内的中间站不进行车辆摘挂作业的货物列车。

（4）摘挂列车：在技术站以中转车、本站装卸的车辆组成的、在两相邻技术站间开行且在区段内的中间站需进行车辆摘挂作业的货物列车。

（5）小运转列车：在技术站与邻接区段规定范围内的几个中间站间开行或在枢纽内各站间开行的货物列车，前者为区段小运转，后者为枢纽小运转。

此外，按运输用途不同货物列车可分为快运货物列车、超限货物列车等；按货物列车中所挂车辆的空重状态不同可分为重车列车、空车列车和空重混编列车；按货物列车中所挂车组数目及在途中站是否进行车组换挂作业不同可分为单组列车和分组列车；按列车重量不同可分为重载列车和普通货物列车。图1-2为货物列车的分类及开行示意图。

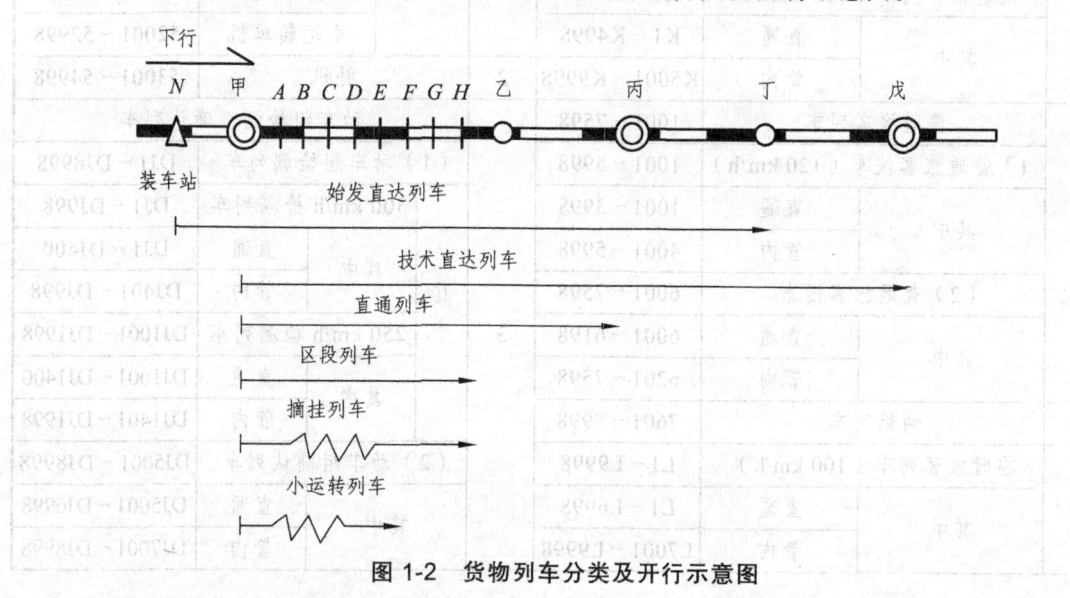

图 1-2　货物列车分类及开行示意图

四、列车车次

列车运行，原则上以开往北京方向为上行，车次编为偶数；相反方向为下行，车次编为奇数。全国各线的列车运行方向，以中国铁路总公司规定为准，但枢纽地区的列车运行方向由各铁路局规定；在铁路支线上，一般由连接干线的车站开往支线方向为下行，相反方向为上行；个别区间使用直通车次时，可与上述规定方向不符。

列车必须按有关规定编定车次，现行列车车次的规定见表1-1。

表1-1 列车车次编定表

序号	列车分类		车次范围	序号	列车分类		车次范围
一	旅客列车			5	空车直达列车		87001～87998
1	高速动车组旅客列车		G1～G9998	6	技术直达列车		10001～19998
	其中	直通	G1～G4998	7	直通货物列车		20001～29998
		管内	G5001～G9998	8	区段货物列车		30001～39998
2	城际动车组旅客列车		C1～C9998	9	摘挂列车		40001～44998
3	动车组旅客列车		D1～D9998	10	小运转列车		45001～49998
	其中	直通	D1～D4998	11	重载货物列车		71001～77998
		管内	D5001～D9998	12	自备车列车		60001～69998
4	直达特快旅客列车（160 km/h）		Z1～Z9998	13	超限货物列车		70001～70998
	其中	直通	Z1～Z4998	14	保温列车		78001～78998
		管内	Z5001～Z9998	四	军用列车		90001～91998
5	特快旅客列车（140 km/h）		T1～T9998	五	单机和路用列车		
	其中	直通	T1～T3998	1	单机		
		管内	T4001～T9998		其中	客车单机	50001～50998
6	快速旅客列车（120 km/h）		K1～K9998			货车单机	51001～51998
	其中	直通	K1～K4998			小运转单机	52001～52998
		管内	K5001～K9998	2	补机		53001～54998
7	普通旅客列车		1001～7598	3	动车组检测、确认列车		
	（1）普通旅客快车（120 km/h）		1001～5998		（1）动车组检测列车		DJ1～DJ8998
	其中	直通	1001～3998		300 km/h 检测列车		DJ1～DJ998
		管内	4001～5998		其中	直通	DJ1～DJ400
	（2）普通旅客慢车		6001～7598			管内	DJ401～DJ998
	其中	直通	6001～6198		250 km/h 检测列车		DJ1001～DJ1998
		管内	6201～7598		其中	直通	DJ1001～DJ1400
8	通勤列车		7601～8998			管内	DJ1401～DJ1998
9	临时旅客列车（100 km/h）		L1～L9998		（2）动车组确认列车		DJ5001～DJ8998
	其中	直通	L1～L6998		其中	直通	DJ5001～DJ6998
		管内	L7001～L9998			管内	DJ7001～DJ8998

续表

序号	列车分类		车次范围	序号	列车分类		车次范围
10	旅游列车（120 km/h）		Y1~Y998		试运转列车		55001~55998
	其中	直通	Y1~Y498	4	其中	普通客、货列车	55001~55300
		管内	Y501~Y998			300 km/h以上动车组	55301~55500
二	特快货物班列（160 km/h）		X1~X198			250 km/h动车组	55501~55998
三	货物列车			5	轻油动车、轨道车		56001~56998
1	快运货物列车			6	路用列车		57001~57998
	（1）快速货物班列（120 km/h）		X201~X398	7	救援列车		58101~58998
	（2）货物快运列车（120 km/h）		X2401~X2998 X401~X998 注1		回送客车底列车		
	其中	直通	X2401~X2998	8	其中	有火回送动车组车底	001~00100
		管内	X401~X998			无火回送动车组车底	00101~00298
	（3）中欧、中亚集装箱班列，铁水联运班列		X8001~X9998			无火回送普速客车底	00301~00498
	其中	中欧、中亚集装箱班列（120 km/h）	X8001~X8998		回送图定客车底		图定车次前冠以数字"0"
		中亚集装箱（普通货车标尺）	X9001~X9500	9	因故折返旅客列车		原车次前冠以"F"
		水铁联运班列（普通货车标尺）	X9501~X9998				
	（4）普通货物班列（普通货车标尺）		80001~81998	表中字母G、C、Z、D、T、K、L、Y、X、DJ、F分别读作"高""城""直""动""特""快""临""游""行""动检""返"		
2	煤炭直达列车		82001~84998				
3	石油直达列车		85001~85998				
4	始发直达列车		86001~86998				

为确保列车车次全路统一性及有关行车设备和信息系统正常运行，列车车次编排仅限于使用大写汉语拼音字母和阿拉伯数字。列车编用车次、旅客列车在全路范围、货物列车在铁路局管内不得重复，旅客列车车次由总公司确定。

各局管内划分的车次范围不足时，需向总公司申请车次，不得自行确定。各铁路局不得超出表1-1中车次规定范围擅自编造、自造使用车次。

季节性、特定时间段开行的动车组、临时旅客列车，可使用相应等级图定车次。

注：货物快运列车车次范围规定如下：

直通（X2401～X2998 次），其中：哈尔滨局 X2401～X2430，沈阳局 X2431～X2480，北京局 X2481～X2510，太原局 X2511～X2540，呼和浩特局 X2541～X2570，郑州局 X2571～X2600，武汉局 X2601～X2630，西安局 X2631～X2660，济南局 X2661～X2690，上海局 X2691～X2740，南昌局 X2741～X2770，广铁集团 X2771～X2810，南宁局 X2811～X2840，成都局 X2841～X2890，昆明局 X2891～X2920，兰州局 X2921～X2950，乌鲁木齐局 X2951～X2970，青藏公司 X2971～X2990。

管内（X401～X998 次），其中：哈尔滨局 X401～X430，沈阳局 X431～X480，北京局 X481～X510，太原局 X511～X540，呼和浩特局 X541～X570，郑州局 X571～X600，武汉局 X601～X630，西安局 X631～X660，济南局 X661～X690，上海局 X691～X740，南昌局 X741～X770，广铁集团 X771～X810，南宁局 X811～X840，成都局 X841～X890，昆明局 X891～X920，兰州局 X921～X950，乌鲁木齐局 X951～X970，青藏公司 X971～X990。

各局的零散货物车辆，可挂入直达、直通、区段货物列车中。挂有装运跨局零散货物快运车辆的列车，在基本车次前加字母"X"，如 X28002 次。

五、货物列车编组计划简介

列车应按《技规》、列车编组计划和列车运行图规定的编挂条件、车组、重量或长度编组。

按《技规》规定编组列车，是指车辆编入列车的技术条件、隔离限制、自动制动机数量、编挂要求、列车尾部挂车条件、编入列车的机车编挂位置、装载危险及易燃货物车辆编入列车的隔离限制等，必须符合《技规》的规定。同时，编挂装载超限货物的车辆和特种车辆时，还要执行《铁路超限超重货物运输规则》等规章的规定及有关临时指示。

按列车编组计划和列车运行图规定编组列车，主要是指列车的种类、去向、编组内容、车组和车辆的编挂位置必须符合列车编组计划的规定，列车牵引重量、长度必须符合列车运行图的规定。凡跨及两个及以上区段的直通或直达列车，各区段规定的牵引重量、长度不同时，还应符合列车编组计划规定的基本组的重量和长度。

列车编组计划是全路的车流组织计划，它规定了全路各技术站的解编任务，并具体规定了列车编组的办法及要求。列车中车组的编挂，须根据铁路总公司和铁路局的列车编组计划进行。

例如，表 1-2 为图 1-2 中甲站下行方向的货物列车编组计划的主要内容。

表 1-2　甲站列车编组计划

序号	发站	到站	编组内容	列车种类	定期车次	附 注
1	甲	戊	戊及其以远	技术直达列车		
2	甲	丙	1. 丙及其以远（不包括戊及其以远） 2. 空敞车	直通列车		
3	甲	乙	乙及其以远（不包括丙及其以远）	区段列车		
4	甲	乙	1. A～D 按站顺 2. E～H 按到站成组	摘挂列车		按组顺编

货物列车编组计划中的发站指列车的始发站，列车在其始发站需进行编组作业；到站是指列车的终到站，列车在其终到站需进行解体作业；编组内容指列车可编入哪些到站的重车以及哪种类型的空车，同时也规定了将车辆编成列车的具体方法。

将车辆编成列车的方法主要有以下几种：

1. 单组混编

单组混编指编入列车中的车辆只要求去向一致，不分到站先后顺序编挂在一起。

2. 分组选编

分组选编指先将编组内容里规定的同一组的车辆选出来编在一起，然后再按规定的顺序将各组车辆连挂在一起。如果附注栏没有特殊说明，各车组编入列车中的顺序没有要求，若附注栏提示按组顺编组，则车组编入列车时的顺序应按编组内容栏中的车组顺序进行编挂。

3. 按到站成组

按到站成组指将到达同一车站的车辆选出来编在一起。

4. 按站顺编组

按站顺编组指先将到达同一到达站的车辆选出来编在一起，然后再按照到达站的顺序将各组车连挂在一起。

例如，列车1在甲站编组始发，在戊站终到解体，全列车由重车编成，且至少需到戊站或更远的站卸车的重车才能编入列车，这些重车不需要按具体卸车站的先后顺序排列。列车2在甲站编组始发，在丙站终到解体，全列车既有重车也有空车编成，空车只能编入空敞车，其他种类的空车不可编入，而重车则至少是到丙站卸车或丙－戊间的各中间站卸车的才可编入列车，而且在编组列车时，还需要将空车和重车分开成两大组，然后再将这两大组车连挂在一起。列车2和列车4在编组列车时的不同之处在于，列车2的两大组车在编挂时没有先后顺序，而列车4则必须把第一组（A~D按站顺）车挂在列车前部，把第二组（E~H按到站成组）车挂在列车后部，即按站顺编组。

六、列车运行图

列车运行图是铁路行车组织工作的基础，列车必须按照列车运行图规定的时刻有序运行。列车运行图是运用坐标原理表示各次列车在各个车站到达、出发或通过及列车在区间运行的情况，是列车运行的图解形式。

在列车运行图上，横线为站名线，表示车站；竖线为时间线，表示时间；斜线是列车运行的轨迹，称为列车运行线。各次列车的车次填记在区段两端发车站邻接区间运行线上方，列车在车站到达、出发的时刻填记在列车运行线与站名线相交的钝角内（通过时刻则填记在列车出发方向的钝角内）。列车运行图的主要内容及格式如图1-3所示。

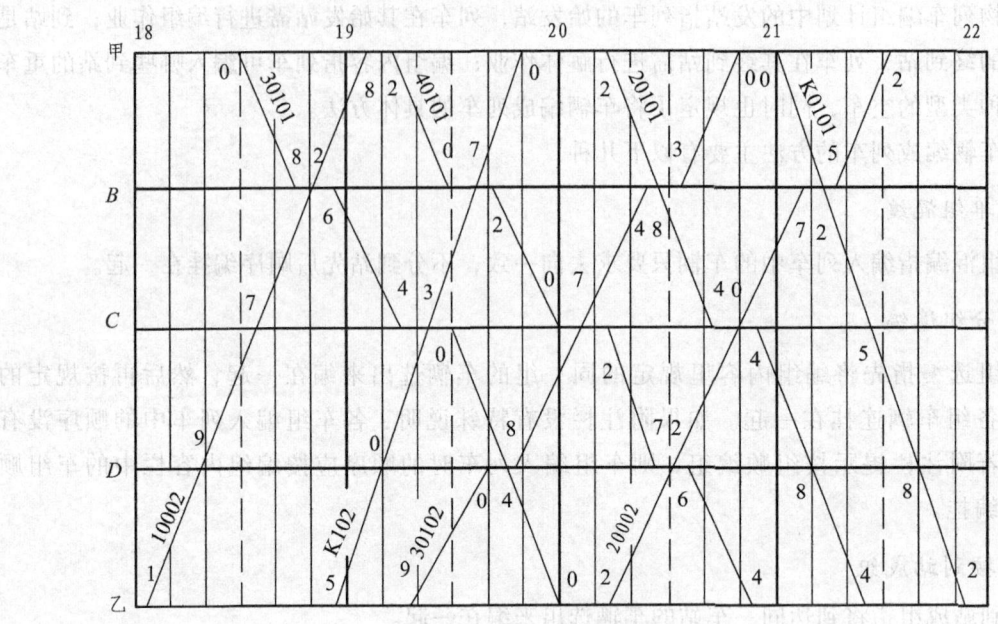

图 1-3 列车运行图示例

列车运行时刻表是根据列车运行图的规定，以表格的形式表示各次列车在各车站到达、出发、通过的时刻。按图 1-3 编出的列车运行时刻表见表 1-3。

表 1-3 列车运行时刻表示例

站名	下 行				上 行			
	区段列车 30101	摘挂列车 40101	直通列车 20101	快速旅客列车 K101	直达列车 10002	快速旅客车 K102	区段列车 30102	直通列车 20102
甲	18:30	19:12	20:12	21:00	19:08	19:50	20:50	21:32
B	48 56	30 42	⋯ 28	⋯ 12	52 ⋯	37 ⋯	33 24	15 21:07
C	19:14 30	20:00 12	44 54	⋯ 25	37 ⋯	23 ⋯	20:07 ⋯	50 ⋯
D	⋯ 44	27 36	⋯ 21:08	⋯ 38	19 ⋯	19:10 ⋯	48 40	32 ⋯
乙	20:00	20:54	21:24	21:52	18:01	18:55	19:19	20:14

技能训练

一、某铁路线路情况如图 1-4 所示，列车编组计划有关内容摘录见表 1-4。

1. 判断列车的种类填在表 1-4 中。
2. 在图 1-4 中绘出列车开行示意图，并按规定给出一个车次。

表 1-4 有关站列车编组计划摘录

顺号	发站	到站	编组内容	列车种类	附注
1	甲	戊	戊及其以远		
2	甲	丁	丁及其以远（不包括戊及其以远）		
3	甲	乙	乙及其以远（不包括丁及其以远）		
4	乙	丙	乙—丙间中间站		
5	乙	R	R站卸		乙站装
6	丁	R	R站卸		

图 1-4 某铁路线路情况

二、已知甲—乙区段 6:00—11:00 的列车运行图如图 1-5 所示，试编制甲—乙区段列车运行时刻表，填入表 1-5 中。

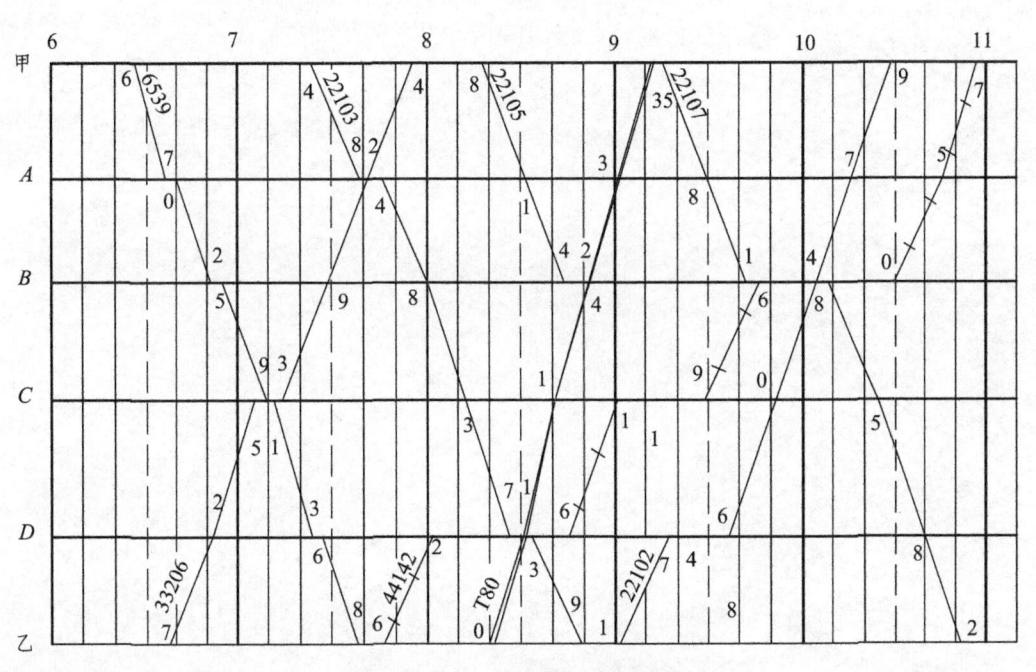

图 1-5 甲—乙区段列车运行图

表 1-5 甲一乙区段列车运行时刻表

站名	车次								
	下行				上行			
	6539	22103	22105	22107	33206	44142	T80	22102
甲								
A								
B								
C								
D								
乙								

第二章 货物列车及货车技术作业过程

为了保证列车运行的安全及货物的完整，货物列车在其始发站、终到站、运行途中经过的技术站的到发线上所办理的各项技术作业，以及摘挂列车在中间站所办理的各项技术作业，统称为货物列车技术作业。

货车自到达车站时起至由车站发出时止，在车站办理的各项技术作业，称为货车技术作业。

货物列车及货车所办理的作业项目、作业程序和作业时间标准，统称为货物列车技术作业过程和货车技术作业过程。

车站技术作业过程是充分合理地运用现有技术设备，采用先进的技术作业组织方法，在保证安全、质量的前提下，完成车站运输任务的各项作业程序的衔接、时间标准和劳动组织。

车站技术作业过程是《站细》的重要组成部分，它不但是加强车站基础工作、指导车站日常生产活动的重要技术文件，而且也是编制列车编组计划、列车运行图、技术计划和运输方案的重要依据，同时也是车站技术设备改扩建的重要依据。因此，查定车站技术作业过程是技术站必须进行的一项基础工作。当出现车站进行较大技术改造、列车牵引定数发生变化、车站作业组织方法改变等情况时，都必须重新进行查定。查定车站技术作业过程就是针对车站现行各工种在技术作业过程中的作业方法、程序，进行认真研究，剔除不合理的程序，改进不科学的方法，确定先进合理的作业程序和各项技术作业的时间标准。

第一节 技术站的货物列车技术作业

一、技术站的货物列车技术作业种类

按照货物列车在技术站所办理的技术作业不同，可将在技术站的货物列车分为编组始发列车、无调中转列车、部分改编中转列车和到达解体列车四种，而技术站办理的货物列车技术作业则取决于货物列车的种类。

以图 2-1 为例，列车运行图规定的列车牵引定数在甲—乙区段为 3 200 t，在乙—丙区段为 2 600 t，在丙—丁区段为 2 600 t；列车编组计划规定甲站始发至丁站终到的货物列车，按前面所说的货物列车分类方法可确定该列车为直通货物列车。

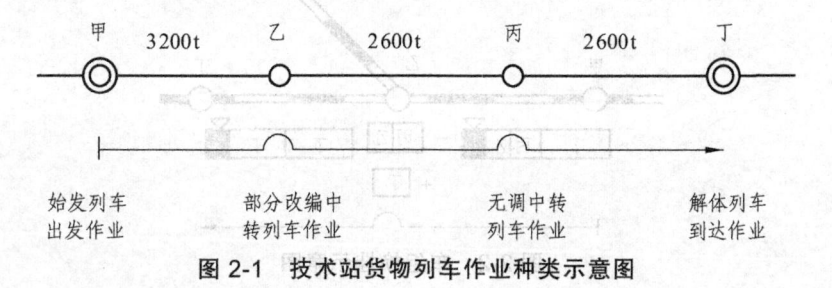

图 2-1 技术站货物列车作业种类示意图

另外，由于该列车在甲站需进行编组，因此对甲站而言是编组始发列车；由于该列车在丁站需解体，因此对丁站而言是到达解体列车；由于该列车在乙站既不需要编组，也不需要解体，但根据列车运行图规定的重量标准，列车从乙站向丙站发出时应将重量由原来的 3 200 t 减少至 2 600 t，即需进行变更重量的调车作业（在此为摘下一组车辆），凡是在技术站进行变更重量、变更运行方向或成组甩挂车辆等少量调车作业后继续运行的货物列车称为部分改编中转列车，因此该列车对乙站而言则是部分改编中转列车；由于该列车在丙站既不需要解体和编组，也不需要进行部分改编调车作业，因此对丙站而言是无调中转列车。这四种列车在相应技术站办理的列车技术作业各不相同。

（一）始发列车的出发作业

始发的货物列车在始发站编组完了转往列车出发线后，出发前在出发线上所进行的技术作业称为始发列车的出发作业，简称出发作业。

图 2-1 中的列车在甲站办理的即为始发列车的出发作业。

（二）解体列车的到达作业

货物列车到达终到站后需解体，解体前列车在到达线上办理的技术作业称为解体列车到达作业，简称到达作业。

图 2-1 中的列车在丁站办理的即为解体列车的到达作业。

（三）部分改编中转列车作业

部分改编中转列车在技术站到发线上进行的技术作业称为部分改编中转列车作业。
根据作业内容的不同，部分改编中转列车作业又包括以下三种不同情况：

1. 变更货物列车重量

当相邻区段牵引定数不同时，列车在技术站需进行减轴或补轴作业。如图 2-1 所示，由甲站始发开往丁站的直通列车，在乙站需进行减轴作业，减少 600 t 重量，即摘下一组车；反之，由丁站始发开往甲站的直通列车，在乙站则需进行补轴作业，增加 600 t 重量，即挂上一组车。

2. 换挂车组

如图 2-2 所示，按编组计划规定，甲站编组始发开往丁站终到解体的直通货物列车，在甲站始发时的编组内容包括乙、丙、丁三个车组，列车运行至乙站时，需把到达乙站和丙站的车组摘下，同时为了保证列车的重量不变，还需挂上到丁站的车组，即摘下一组车再挂上一组车，称为车组换挂。

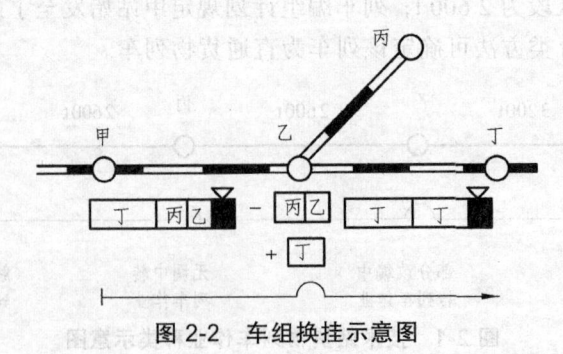

图 2-2 车组换挂示意图

3. 变更列车运行方向

当列车经过有分歧方向的技术站时，由于车场进路的原因，有时需变更运行方向后才能继续运行。如图 2-3 所示，由甲站编组始发开往丙站终到解体的货物列车，在乙站虽不改变编组内容，但需调换列车首尾即改变运行方向后，才能继续向丙站运行。此时根据具体情况可能涉及列尾主机的摘解和安装、关门车位置的调整等相关作业。

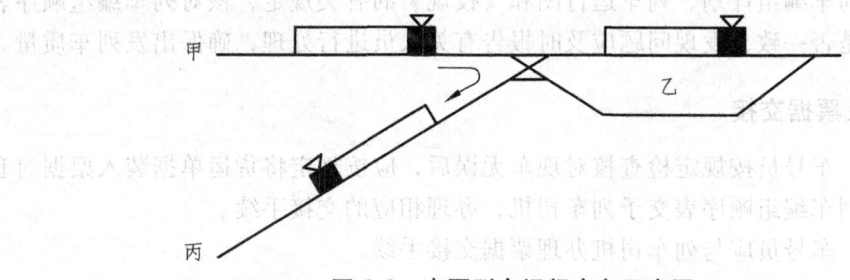

图 2-3 变更列车运行方向示意图

（四）无调中转列车作业

在技术站不需要解体、编组或部分改编的无调中转列车，为了列车继续运行的安全和货物的完整，在到发线上对列车所进行的中转技术作业，称为无调中转列车作业。

二、技术站货物列车技术作业的内容

不同种类的货物列车在技术站办理的作业内容和要求并不完全相同，但是基本包括下列部分或全部作业项目。

（一）车辆技术检修作业

为使车辆经常保持良好的技术状态，必须由车辆段驻站列检所的检车员对列车中的车辆进行技术检查和维修保养工作，即列检作业。列检作业应按规定的检修范围和技术作业过程进行，为加速车辆周转，应尽量组织不摘车修，减少摘车临修，保证列车按列车运行图规定的时间发车。因此列检作业应在规定的时间内完成，并保证发出的列车符合规定的质量要求。对于必须摘车修理的车辆，应按规定插上扣修色票，注明故障内容和送修地点，填发车辆检修通知单，通知车站及时甩车。

（二）货运检查及整理

列车在运行过程中会产生震动、摇晃，有可能使货物的装载状态发生变化，因此，为了货物继续运送的完整和安全，应在指定的车站进行货物装载情况的检查及整理。这项作业由车站的货运检查员（商务检查员）负责进行，主要检查货物的装载有无倾斜偏载、篷布苫盖及捆绑是否牢固、车门车窗及铅封有无异状等，发现问题应及时处理，并根据情况编制货运记录。

(三)车号员检查核对现车

这项作业是为了保证货物列车中实际编挂的车辆与该列车的编组顺序表中的记载以及每辆车的货运单据三者是否一致,一旦发现有票无车或有车无票等情况时按规定进行处理。

对无调中转列车、部分改编中转列车和到达解体列车,车号员应根据作为列车确报的列车编组顺序表检查核对现车;而对自编始发的列车则根据事先编制的列车编组顺序表检查列车编组是否符合列车编组计划、列车运行图和《技规》的有关规定,核对列车编组顺序表、货运单据、现车是否一致,发现问题应及时报告有关人员进行处理,确保出发列车质量。

(四)车列及票据交接

对出发列车,车号员按规定检查核对现车无误后,应按规定将货运单据装入票据封套并封好,连同一份列车编组顺序表交予列车司机,办理相应的交接手续。

对到达列车,车号员应与列车司机办理票据交接手续。

(五)列尾作业员技术作业

列车尾部安全监控装置是由固定在司机室的司机控制盒和安装在列车尾部的列尾主机及附属设备组成。当列车按规定需要挂列车尾部安全监控装置时,列尾主机的摘下和安装应由列尾作业员负责完成。

对出发的列车,列尾作业员应按规定将牵引机车的号码及其他有关内容填记在规定的表簿册内,并将机车号码输入列尾主机,经确认无误后安装;对终到的列车应将列尾主机摘下,送到指定地点进行充电、维修。

(六)更换机车或机车乘务组换班

按照机车交路的类型和乘务组连续工作时间的要求,有些无调中转列车在技术站需要更换机车或机车乘务组换班。此时,到达的机车应从列车中摘下,安排入段;出发的机车应安排出段,连挂车列,按列车运行图规定时刻按时发车;同时机车乘务组进行换班。

(七)其他作业

对出发列车还应进行准备发车及发车作业,对到达解体列车还包括解体前的准备工作,如排风、摘管等作业。

三、货物列车的技术作业过程及作业组织方法

(一)解体列车的到达技术作业过程

解体列车的到达技术作业过程见表2-1。

解体列车到达技术作业的组织方法及作业组织注意事项主要有:

(1)加速到达列检:一般情况下,车辆的技术检修是用时最长的作业环节,必须注重红外线轴温探测等先进技术设备和先进作业经验的采用和推广,同时加强和优化检车人员的作业组织,以压缩该项作业所需时间。

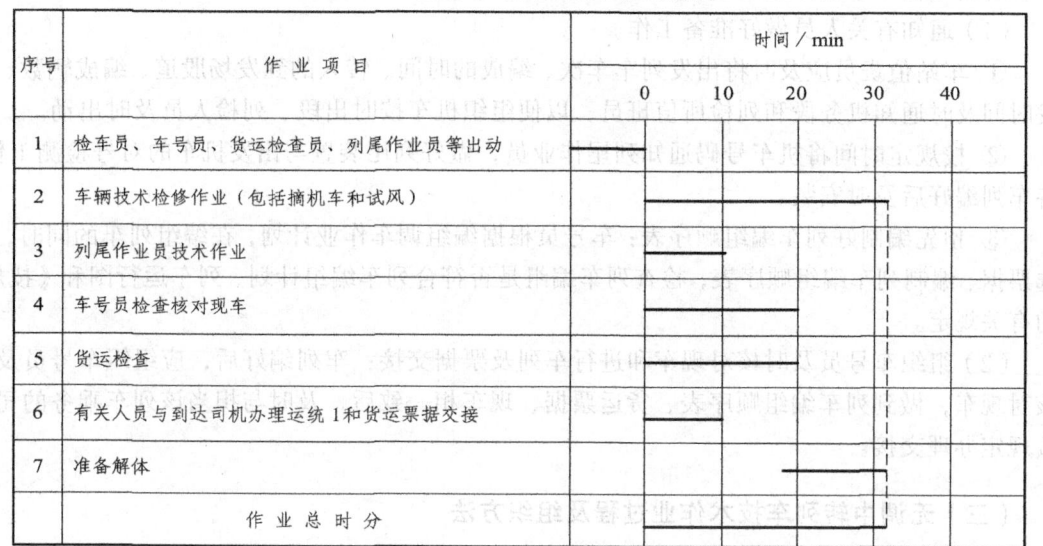

表 2-1 解体列车到达技术作业过程

序号	作业项目	时间/min
1	检车员、车号员、货运检查员、列尾作业员等出动	
2	车辆技术检修作业（包括摘机车和试风）	
3	列尾作业员技术作业	
4	车号员检查核对现车	
5	货运检查	
6	有关人员与到达司机办理运统1和货运票据交接	
7	准备解体	
	作业总时分	

（2）认真检查核对现车：列车到达后，车号员应根据列车确报认真核对现车，防止票、车分离，确保列车编组顺序表、货运单据、现车相一致，对"关门车"、禁溜车、禁止过峰车、限速车等特殊车辆应填记清楚，保证解体调车作业计划的准确性。

（3）做好解体前的准备工作：调车领导人应根据列车确报，提前编制解体调车作业计划，如有必要应在车号员检查核对现车后及时对计划进行修改，调车组应根据解体调车作业计划及时进行车列解体前的排风、摘管等准备工作。

（二）始发列车的出发技术作业过程

始发列车的出发作业是列车出发前在站内的最后一道工序，对于保证出发列车的质量与运行安全具有重要作用。

始发列车的出发技术作业过程见表2-2。

表 2-2 始发列车出发技术作业过程

序号	作业项目	时间/min
1	检车员、车号员、货运检查员、列尾作业员等出动	
2	车辆技术检修作业（包括挂机车和试风）	
3	列尾作业员技术作业	
4	车号员检查核对现车	
5	货运检查	
6	有关人员与出发司机办理运统1和货运票据交接	
7	准备发车及发车	
	作业总时分	

对始发列车出发作业的组织方法及作业组织注意事项主要有：

（1）通知有关人员做好准备工作。

① 车站值班员应及时将出发列车车次、编成的时间、转入的到发场股道、编成辆数、出发时间及时通知机务段和列检所值班员，以便组织机车按时出段、列检人员及时出动。

② 按规定时间将机车号码通知列尾作业员，做好列尾装置与出发机车的对号检测工作，待车列编好后及时安装。

③ 预先编制好列车编组顺序表：车号员根据编组调车作业计划，在编组列车的同时，挑选票据、编制列车编组顺序表，检查列车编组是否符合列车编组计划、列车运行图和《技规》的有关规定。

（2）组织车号员及时核对现车和进行车列及票据交接：车列编好后，应组织车号员及时核对现车，做到列车编组顺序表、货运票据、现车相一致后，及时与担当该列车乘务的司机按规定办理交接。

（三）无调中转列车技术作业过程及组织方法

无调中转列车技术作业过程见表2-3。

表2-3　无调中转列车技术作业过程

序号	作业项目	时间/min 0　10　20　30　40
1	检车员、车号员、货运检查员、列尾作业员等出动	
2	车辆技术检修作业（包括摘挂机车和试风）	
3	列尾作业员技术作业	
4	车号员检查核对现车	
5	货运检查	
6	有关人员与司机办理运统1和货运票据交接	
7	准备发车与发车	
	作业总时分	

无调中转列车技术作业实际上是到达技术作业与出发技术作业结合起来进行的，但是没有准备解体、编制列车编组顺序表等有关作业，若更换机车则车列与票据的交接可由到达列车的乘务组与出发列车的乘务组直接在现场办理。

无调中转列车技术作业的组织方法主要有：

（1）充分利用各种自动检测设备（如5T系统），加强检修预报；

（2）组织检车员提前到达现场。

第二章　货物列车及货车技术作业过程

（四）部分改编中转列车技术作业过程及组织方法

部分改编中转列车的技术作业过程见表2-4。

表2-4　部分改编中转列车技术作业过程

序号	作业项目	时间/min
1	检车员、车号员、货运检查员、列尾作业员等出动	
2	车辆技术检修作业（包括摘挂机车和试风）	
3	列尾作业员技术作业	
4	车号员检查核对现车	
5	货运检查	
6	摘挂车辆	
7	有关人员与司机办理运统1和货运票据交接	
8	准备发车与发车	
	作业总时分	

部分改编中转列车与无调中转列车相比，在站的技术作业内容增加了调车作业环节，其具体的组织方法如下：

（1）减轴时：对摘下的车辆可采取先摘下后检查的做法，在调车机车甩车的同时，检车人员集中力量检查基本车组，然后再对摘下的车辆进行检查。这种做法能有效地缩短列车的技术作业时间。

（2）补轴时：对补轴车组可采取先检查后挂车的方法，事先检修好的待挂车组由调车机车挂好在邻线等候，等车列检查结束后立即挂上。在列车前部补轴或减轴时，如能利用到达机车减轴、出发机车补轴，还能进一步缩短甩挂车组的作业时间。

（3）换挂车组的作业组织方法，甩车时与减轴方法相同，挂车时与补轴方法相同。

换挂车组的作业组织中，为缩短列车在站停留时间，车站应根据列车的到达确报，在列车到达前，准备好需要加挂的车组，并调移至靠近列车到达线的线路上，以便到达列车技术检查结束后，立即进行调车作业。

（4）变更列车运行方向时，如果原列车中尾部车辆在改变运行方向后，与出发机车之间不满足有关隔离要求时，则需要进行有关的调车作业；如果挂有列尾主机，还需进行列尾主机的摘下和重新安装工作。

四、列车编组顺序表的作用及填记方法

（一）列车编组顺序表的作用

列车编组顺序表（运统1）是记载列车实际组成情况，作为车站与车长（或司机）之间、铁路局之间交接车辆的依据，也是运输统计和财务清算工作的主要原始资料。

凡由技术站及列车始发站发出的一切列车（包括挂有车辆的单机、轨道车附挂路用车），均由车站按列车实际组成情况编制运统1。一份留存，一份交值乘司机（长交路途中更换司机的列车，应保证途中每班司机一份），一份由司机带到下一技术站或终到站，并按规定及时传输上报确报库。对经由铁路局分界站交出的列车，需增加一份由司机负责交分界站统计人员。

列车编组顺序表的主要格式见表2-5。

表2-5 列车编组顺序表（运统1）

____站编组____站终到 经由站____ ____年__月__日__时__分 ____次列车

自首尾（不用字抹销）   制表者：   检查者：

序号	车种	罐车油种	车号	自重	换长	载重	到站	货物名称	发站	篷布	收货人或卸线、票据号	车辆使用属性	记事
1													
2													
3													
4													
⋮													

自编组站出发及在途中站摘挂后列车编组

站名	客车合计	其中行李车	货车重车	其中租用车	空车	非运用车	其中代客	其中P_{65}	其他	合计	自重	载重	总重	换长	铁路篷布合计
合计															
一企															
一部															
一集															
一特															
一行															

（二）列车编组顺序表表头部分的填记方法

（1）编组站名：填列车始发站站名。

列车在分界站或运行途中的技术站更换列车编组顺序表时，此处仍应填记原编组始发站站名。

（2）年、月、日、时、分：按日历填记列车计划发车时间。

（3）列车车次：填记实际开行车次。

（4）自首尾：由本务机车向列车尾部方向顺序排序为"自首"，此时将"尾"字抹销；由列车尾部向本务机车方向顺序排序为"自尾"，此时将"首"字抹销。

（5）制表者、检查者：签字（代号）或盖章。

（三）列车编组顺序表表内各栏的填记方法

（1）车种栏：填记货车基本记号及辅助记号。

（2）罐车油种栏：根据罐车车体标记以简字填。轻油：填"Q"；粘油：填"L"。车体上的油种涂有代用字样时，按所代用的油种填记。

（3）车号栏：根据车体上的大号码填记。

如发现双号码，以车底架侧梁小号码为准。

（4）自重及换长栏：车辆的自重及换长，根据《技规》中"机车重量及长度表"、"车辆重量及长度表"的规定计算，无规定时填记车体标记的自重及换长。

（5）载重栏：根据货运票据记载的货物实际重量（无实际重量按计费重量）填记。

一票多车只有合计载重吨数时，成组中的第一辆和最后一辆用"－"表示，中间的用"＋"表示。

本栏按辆以吨为单位填记，吨以下四舍五入。

对下列货车的装载重量，按以下规定填记：

① 重客车：按客车车体外部标记载重填记；

② 代客重车：每辆按 10 t 填记；

③ 行包专列重车：按《铁路行包快运专列管理办法》有关规定填记；

④ 货车上装载重集装箱时：按"货重＋箱重"的合计重量填记；

⑤ 货车上装载空集装箱时：按《铁路货车统计规则》（以下简称《统规》）附件十五"集装箱技术参数表"（见表 2-6）规定的自重填记；

表 2-6 集装箱技术参数表

箱 型	箱 类	箱主代码	起始箱号	截止箱号	自重（吨）	箱体标记最大允许总重（吨）	换算箱数（装卸车）
20 ft	通用集装箱	TBJ	510001	575000	2.21	24.00	2.0
			300011	301710	2.24	30.48	3.0
			400001	400500	2.98	30.48	3.0
			580000	629999	2.24	30.48	3.0
	板架式汽车集装箱	TBP	100000	100831	4.30	28.30	2.8
			000087	000088	4.30	28.30	2.8
	弧型罐式集装箱	TBG	500000	500001	6.30	30.48	3.0
			500052	501999	6.30	30.48	3.0

续表

箱型	箱类	箱主代码	起始箱号	截止箱号	自重(吨)	箱体标记最大允许总重(吨)	换算箱数(装卸车)
20 ft	双层汽车集装箱	TBQ	600003	600004	3.70	15.00	1.5
			500000	500229	3.70	15.00	1.5
	干散货集装箱	TBB	500000	509149	3.10	30.48	3.0
	散装水泥罐式集装箱	TBG	540001	541050	4.95	30.48	3.0
	水煤浆罐式集装箱	TBG	520001	520100	4.25	30.48	3.0
	折叠式台架集装箱	TBP	200001	210000	2.50	30.00	3.0
	框架罐式集装箱	TBG	510001	511000	4.15	30.48	3.0
40 ft	通用集装箱	TBJ	300003	300005	3.88	30.48	3.0
			700000	700119	3.79	30.48	3.0
			710000	715999	3.88	30.48	3.0
48 ft	通用集装箱	TBJ	800001	800404	4.65	30.48	3.0
50 ft	双层汽车集装箱	TBQ	800000	801599	10.53	30.48	3.0
			801600	801899	11.61	30.48	3.0

⑥ 整车回送铁路篷布时：每张按 60 kg 计算；

⑦ 回送其他铁路货车用具（加固材料、军用备品等）时：按实际重量计算；整车回送无实际重量时，按货车标记载重的 1/3 计算。

（6）到站栏：按货运票据填记的重车的到达站站名填记。

整车分卸应分别填记第一及最终到达站站名；其他有指定到站的车辆亦在此栏填记指定到达站的站名。

（7）货物名称栏：按货运票据记载的货物名称填记。

对下列车辆按规定的字样填记：

① 整装零担车：填记"整零"；

② 运用空车：填记"空"；

③ 非运用车：填记非运用车的种别，如"检修"、"代客"、"路用"、"备用"等；

④ 企业自备空车、企业租用空车：填记"自备"、"租用"；军运货票填记军运号码；

⑤ 整车运送铁路集装箱时按实际状态填记[箱型、重（或空）、箱数]；汽车箱填记"[汽、箱型、重（或空）、箱数]（其中：25 ft 归入 20 ft 填记，50 ft 归入 40 ft 填记）。如：二重 1，二空 1，汽二重 2 等。

⑥ 机械冷藏车中的机械车在运用状态时：填记"空"；

⑦ 一车货物有数种品名时，按其中重量最多的货物品名填记；如只有一个重量时，按第一个品名填记，并在品名之后增填"等"。

（8）发站栏：重车按货运票据填记发站名，空车填记空车始发站名。
（9）篷布栏：按货运票据和"特殊货车及运送用具回送清单"填记铁路篷布的张数。
（10）收货人或卸线、票据号栏：按货票记载的收货人和货票号码填记。
一票多车的每车都填；零担、集装箱填装车日期"YYYYMMDD"，为四位年两位月两位日，如20080916，接运的原顺序表没有的填"J"＋到达日期，如J20081025；整车回送铁路货车用具的"票据号"栏填记回送命令号码；回送检修车"票据号"栏填记"车统26"编号。
（11）车辆使用属性栏：

① 车辆使用属性反映专业运输公司使用车辆的情况（包括其所属的和所用非所属的车辆），其中集装箱、特货、快运公司使用车辆属性分别填记"集"、"特"、"行"（代码分别为"01"、"02"、"03"）。

② 集装箱公司所属车辆指部属集装箱车(X)；特货公司所属车辆指部属长大货物车(D)、冷藏车（B）、家畜车（J）、汽车运输专用车（SQ、JSQ）；快运公司所属车辆指：部属行李车（XL，邮政车、XU车、UZ车比照行李车统计）、行包专列上的PB车。

③ 专业运输公司租用车指为专业运输公司所用，而非其所属的部属货车（包括特货公司租用的集装箱公司所属货车）。

a. 集装箱公司租用车：
（a）使用非集装箱公司所属的部属货车运送集装箱（不含特货公司汽车箱）；
（b）整车（非集装箱公司所属的部属货车）回送铁路篷布时。
b. 特货公司租用车：
（a）特货公司跨装货物运输中使用的游车；
（b）特货公司汽车箱运输所使用的部属车（含租用集装箱公司所属车辆）。
c. 快运公司租用车：
使用非快运公司的部属车辆（如P_{65}）装运行李或包裹时。
（12）记事栏：除下列规定外，按铁路局的有关规定填记：

① 对装载危险、易燃货物的车辆，按《铁路危险货物运输管理规则》的规定填记隔离记号（三角隔离标记为"G1"～"G9"）。
危险货物按其主要危险性和运输要求分为九类：
a. 爆炸品；b. 压缩气体和液化气体；c. 易燃液体；d. 易燃固体、自燃物品和遇湿易燃物品；e. 氧化剂和有机过氧物；f. 毒害品和感染性物品；g. 放射性物品；h. 腐蚀品；i. 杂类。

② 对外国车辆填记国名；对企业自备车填记企业简称；对军方自备车填记"军方自备"。

③ 对联合运输途中发生倒装的车辆，倒装作业后填记原车种车号并注明"倒装"。
以下为沈阳铁路局对记事栏填记的补充规定：
a. 关门车，填记"M"；
b. 施封的车辆，填记"F"；
c. 有押运人车辆，填记"R"；
d. 装有鲜活、易腐货物的车辆，填记"K"；
e. 装有易窜动货物的车辆，填记"D"；
f. 限速运行的车辆，填记"UXX"，其中"XX"为限速值；

g. 禁止溜放的车辆，填记"J"；

h. 跨装车辆，填记"T"。

各项目间以分号间隔。

（四）"自编组站出发及在途中站摘挂后列车编组"各栏的填记方法

（1）站名：编组始发列车填记始发站名。若列车在分界站或在运行途中的区段站更换本表时，填记更换站的站名。

（2）客车：填记全列车中客车的辆数，包括中铁快运公司的行李车、邮政车。

（3）货车：分别按合计、企业自备车、部属车和集、特、行六行填记全列中各自的货车辆数。专业公司租用车除在各专业公司行表示外，并以负数在部属车、合计行分别列示。

（4）其他：填记全列中不属于客车、货车范围的机械车辆、架桥机、起重机、无动力机车等的合计辆数。

（5）合计栏：合计栏＝客车合计栏＋重车栏＋空车栏＋非运用车栏＋其他栏。

（6）自重：填记表内部分各行自重栏的合计数（吨以下四舍五入）。

（7）载重：填记表内部分各行载重栏的合计数（吨以下四舍五入）。

（8）总重：填记"自重栏＋载重栏"的合计总吨数。

（9）换长：填记表内部分各行换长栏的合计数。

（10）铁路篷布合计：填记表内部分各行铁路篷布栏的合计张数。

列车在中间站摘挂车辆时，由车站将有关摘下车辆的记载抹销，将加挂车辆有关事项记入空白行内，并在各该车辆的记事栏内注明摘挂车辆站名以及填记摘挂后列车编组情况各栏[使用车站管理信息系统（或预确报系统）编制运统1的车站应重新编制本表一份交司机]。

列车在中间站加挂车辆较多原表无法填记时，可按顺序表格式编制加挂车辆编组顺序附表，但须订正原表车辆编组顺序号码。

（五）关于货物快运列车和车辆填记的补充规定

（1）管内零散货物快运列车（X401-998）和跨局货物快运列车（X2401-2998）上的零散货物快运车辆，货车比照代客货车，按"零快货车"统计（客车按现有规定统计）。载重栏重车每辆填记10 t，或标记载重的1/3；货物名称填记"零快"；票据号栏为空；车辆使用属性填记"行"（代号"03"）。

重车实际载重不足10 t，按10 t计算；在10 t与标记载重的1/3之间时，按标记载重的1/3计算；超过1/3时，按实际载重计算。

用集装箱装运零快货物时，货物名称按原集装箱货物名称填记方法填记，车辆使用属性填"行"，记事栏填"零快"。

（2）批量零散货物快运车辆按运用车统计。载重栏填记货物实际重量；货物名称填记货物快运货票上记载的108个白货品类货物名称，并在记事栏标记"批快"；票据号栏填记货物快运货票的票符票号；车辆使用属性填记"行"（代号"03"）。

用集装箱装运批快货物时，货物名称按原集装箱货物名称填记方法填记，车辆使用属性填"行"，记事栏填"批快"。

（3）货物特快、快速班列（X1-398）车辆的货物名称栏填记"行快"。

五、车辆运行安全监控（5T）系统简介

近年来，在铁路许多地方安装了车辆运行安全监控系统，即 5T 系统，其采用智能化、网络化、信息化技术，实现地面设备对客货车辆运行安全的动态检测、数据集中、联网运行、远程监控、信息共享，提高了铁路运输安全防范能力，大大缩短了列车在车站进行列检作业的时间。

5T 系统是指：THDS（红外线轴温探测系统）、TFDS（货车运行故障动态图像检测系统）、TPDS（货车运行状态地面安全监测系统）、TADS（货车滚动轴承早期故障轨边声学诊断系统）和 TCDS（客车运行状态安全监测系统）。

THDS（Trace Hotbox Detection System）利用安装在轨边的红外线探头，对通过车辆的每个轴承的温度进行实时检测，并通过配套的故障智能跟踪装置，对热轴车辆进行车次、车号跟踪，并将检测信息实时上传到铁路局车辆安全监控中心，对热轴车辆进行实时报警。THDS 已联网运行，每个探测站过车和轴温探测信息可直观显示，并实现跟踪报警，重点防范热、切轴事故。

TFDS（Trouble of moving Freightcar Detection System）是辅助列检作业的在线图像检测系统。利用设在轨边的高速摄像头，对运行中的货车进行动态检测，重点检测货车走行部、制动梁、悬吊件、枕簧、大部件、车钩缓冲装置等安全关键部位，及时发现货车运行故障，防范制动梁脱落和摇枕、侧架、钩缓大部件裂损、折断及枕簧丢失和窜出等危及行车安全的隐患。

TPDS（Truck Performance Detection System）利用轨道测试平台，对车辆安全指标进行动态检测，重点检测货车运行安全指标脱轨系数、轮重减载率，并检测车轮踏面擦伤、剥离以及货物超载、偏载等危及行车安全的情况，防范货车脱轨和车轮踏面擦伤、剥离及货物超载、偏载等安全隐患，加大货车运行安全监控力度，实现货车运行安全质量互控。

TADS（Trackside Acoustic Detection System）采用声学技术及计算机技术，利用轨边噪声采集设备，实时采集运行货车滚动轴承噪声，通过数据分析，及早发现轴承早期故障。重点检测货车滚动轴承内外圈滚道、滚子等故障，将安全防范关口前移，在发生热轴故障之前，对轴承故障进行早期预报，与红外线轴温监测系统互补，防止切轴事故发生，确保行车安全。

TCDS（Train Coach Running Safety Diagnosis System）通过车载系统对客车运行关键部件进行实时监测和诊断，通过无线、有线网络，将监控信息向地面传输、汇总，形成实时的客车安全监控运行图，使各级车辆管理部门及时掌控客车运行及安全情况，重点检测时速 160 km/h 及以上客车轴温、制动系统、转向架安全指标、火灾报警、客车供电、电器及空调系统运行安全状况，防范客车热轴事故、火灾事故及走行部、制动部、供电、电器、空调设备故障。

第二节　货车在站技术作业过程

一、货车按在站技术作业的分类

按在车站办理的技术作业不同，车站可将在站的货车分为中转车和货物作业车两大类。

（一）中转车

中转车是指在本站不进行货物装卸作业的运用货车。按其在站是否进行调车作业，又可分为无调中转车和有调中转车两种。

1. 无调中转车

无调中转车是指在本站不进行调车作业的中转车。

无调中转车包括：

（1）在技术站原列到开的无调中转列车上的全部运用货车；

（2）在技术站进行补、减轴调车作业的部分改编中转列车上未经过甩挂调车作业的中转车；

（3）停运列车上的全部运用货车；

（4）在中间站进行拆组或组合的长大重载列车上的全部运用货车。

2. 有调中转车

有调中转车是指在本站经过一系列改编调车作业后，再编入其他列车中发出的中转车。

凡是不符合无调中转车条件的中转货车均为有调中转车，如到达解体列车中全部的中转车、编组始发列车中全部的中转车、部分改编中转列车中经过甩挂调车作业的中转车。

（二）货物作业车

货物作业车（也称为作业车、本站作业车）是指在本站需进行货物装、卸或倒装作业的运用货车。按其在本站完成装卸作业的次数不同又可分为一次货物作业车和双重货物作业车两种。

1. 一次货物作业车

一次货物作业车是指在本站只进行装车或只进行卸车作业的货物作业车。

2. 双重货物作业车

双重货物作业车是指在本站先进行卸车作业，然后利用卸完的空车再进行装车作业的货物作业车，即卸后装的作业车。

二、货车在站技术作业过程

货车种类不同，其在车站办理的作业项目及作业过程也不同。

（一）有调中转车的技术作业过程

有调中转车在站的技术作业过程如图2-4所示。

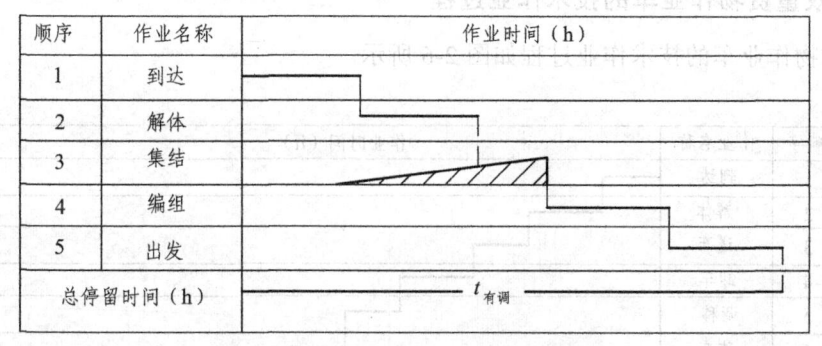

顺序	作业名称	作业时间（h）
1	到达	
2	解体	
3	集结	
4	编组	
5	出发	
总停留时间（h）		$t_{有调}$

图 2-4 有调中转车技术作业过程图

有调中转车在车站按顺序办理到达、解体、集结、编组、出发五项作业，其在站平均停留时间（$t_{有调}$）为这五项作业的平均时间之和：

$$t_{有调} = t_{到} + t_{解} + t_{集} + t_{编} + t_{发} \text{（h）}$$

式中 $t_{到}$、$t_{解}$、$t_{集}$、$t_{编}$、$t_{发}$ 分别为到达、解体、集结、编组、出发作业的平均停留时间。

（二）无调中转车的技术作业过程

无调中转车技术作业过程及停留时间，与其所在列车的技术作业过程及停留时间相同。

（三）一次货物作业车的技术作业过程

一次货物作业车的技术作业过程如图 2-5 所示。

顺序	作业名称	作业时间（h）
1	到达	
2	解体	
3	送车	
4	装（卸）	
5	取车	
6	集结	
7	编组	
8	出发	
总停留时间（h）		$t_{一次}$

图 2-5 一次货物作业车技术作业过程图

一次货物作业车在车站按顺序办理到达、解体、送车、装车或卸车、取车、集结、编组、出发八项作业，其在站平均停留时间（$t_{一次}$）为这八项作业平均时间之和：

$$t_{一次} = t_{到} + t_{解} + t_{送} + t_{装（卸）} + t_{取} + t_{集} + t_{编} + t_{发} \text{（h）}$$

式中 $t_{装（卸）}$、$t_{送}$、$t_{取}$ 分别为装车或卸车、送车、取车作业的平均停留时间。

（四）双重货物作业车的技术作业过程

双重货物作业车的技术作业过程如图 2-6 所示。

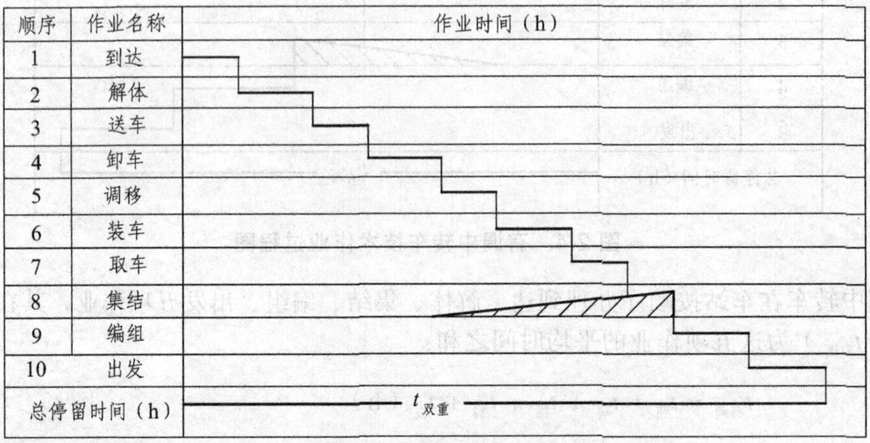

顺序	作业名称	作业时间（h）
1	到达	
2	解体	
3	送车	
4	卸车	
5	调移	
6	装车	
7	取车	
8	集结	
9	编组	
10	出发	
总停留时间（h）		$t_{双重}$

图 2-6 双重货物作业车技术作业过程图

双重货物作业车与一次货物作业车相比，增加了将卸后空车送往装车地点的调移作业以及增加了一次货物作业，在车站按顺序办理到达、解体、送车、卸车、调移、装车、取车、集结、编组、出发十项作业，其在站平均停留时间（$t_{双重}$）为这十项作业平均时间之和：

$$t_{双重} = t_{到} + t_{解} + t_{送} + t_{卸} + t_{调移} + t_{装} + t_{取} + t_{集} + t_{编} + t_{发} \quad (h)$$

单纯从时间长短看，双重货物作业车在站停留的时间比一次货物作业车在站停留的时间更长，但是在实际工作中，我们考核的是一次货物作业平均在站停留时间，因此按货物作业次数平均，双重货物作业车比一次货物作业车的在站停留时间更短，货车运用效率更高。为此，应充分利用本站卸后空车进行装车，并应尽可能扩大车种代用，提高双重作业系数，缩短一次货物作业的平均停留时间。

所谓双重作业系数（$K_{双}$）是指每一辆货物作业车平均摊到的装卸作业次数，可按下式计算：

$$K_{双} = \frac{u_{装} + u_{卸}}{N_{货车}}$$

式中　$u_{装}$、$u_{卸}$——车站装、卸作业次数；

　　　$N_{货车}$——本站货物作业车车数。

从式中可看出，$K_{双}$ 最大为 2，最小为 1，其值变动范围为 1~2。$K_{双}$ 越大，货车运用效率越高。

三、货车的集结

（一）货车的集结过程

由于列车在重量和长度上有一定的要求，技术站为编成某一个到达站的出发车列时，陆续进入调车场的货车存在先到等待后到凑集成车列、达到规定的重量或长度的过程，这个过程即为货车的集结过程。货车在此过程中消耗的时间，称为货车集结车小时。

（二）车列的集结过程

从组成某一到达站出发车列的第一组货车进入调车场之时起，至组成该车列的最后一组货车进入调车场之时止，为一个车列的集结过程。该过程的延续时间称为车列集结期间。在车列的集结过程中，组成该车列的所有货车消耗的总车小时，称为车列的集结车小时。

（三）集结车小时的计算

为了便于分析和研究货车的集结过程，假设组成车列的各个车组大小相等、各车组的到达间隔相同，车列的集结过程如图 2-7 所示。

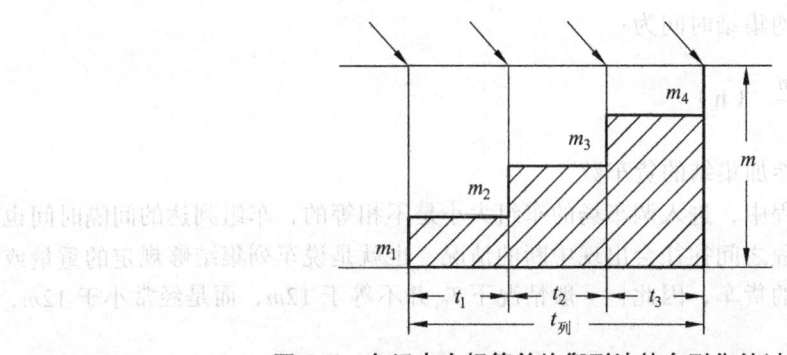

图 2-7 车组大小相等并均衡到达的车列集结过程图

从图 2-7 可以看出，一个车组的集结车小时可用车数与延续时间所形成的面积表示，将所有面积相加即可求出一个车列的集结车小时 $T_{集}^{列}$，其计算公式为：

$$T_{集}^{列} = m_1(t_1+t_2+t_3) + m_2(t_2+t_3) + m_3 t_3 + m_4 \times 0$$

$$= \frac{1}{4}m \times \frac{3}{3}t_{列} + \frac{1}{4}m \times \frac{2}{3}t_{列} + \frac{1}{4}m \times \frac{1}{3}t_{列} + \frac{1}{4} \times 0$$

$$= \frac{1}{4}mt_{列} \times \left(\frac{3}{3}+\frac{2}{3}+\frac{1}{3}\right)$$

$$= \frac{1}{2}mt_{列} \quad （车小时）$$

式中 $t_{列}$——车列的集结期间；

m——列车的编成辆数。

假设在集结的各车列之间不发生集结中断，且一昼夜刚好能集结够整个车列的情况下，编组一个到达站出发车列的所有货车，在一昼夜的集结过程如图 2-8 所示。

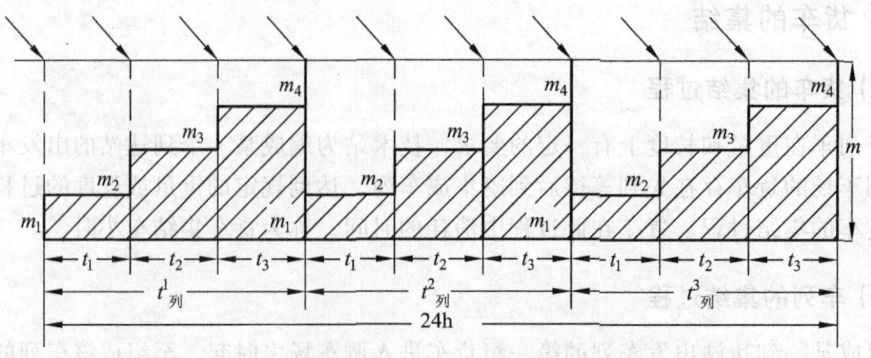

图 2-8　一个到达站的货车一昼夜均衡不间断的集结过程图

从图 2-8 可看出，编组一个到达站出发车列的货车一昼夜消耗的货车集结车小时 $T_{集}$ 为：

$$T_{集}=\frac{1}{2}mt_{列}^1+\frac{1}{2}mt_{列}^2+\frac{1}{2}mt_{列}^3=\frac{1}{2}m(t_{列}^1+t_{列}^2+t_{列}^3)$$

$$=\frac{1}{2}m\times24=12m\ (车小时)$$

该去向每辆货车的平均集结时间为：

$$t_{集}=\frac{12m}{N}\ (h)$$

式中　N——该去向全天参加集结的货车数。

在实际的运输生产过程中，进入调车场的车组大小是不相等的，车组到达的间隔时间也不相同，而且车列集结过程之间往往会出现中断的情况，也就是说车列集结够规定的重量或长度后，没有残存该去向的货车，因此，一般情况下 $T_{集}$ 并不等于 $12m$，而是经常小于 $12m$，通常用下式表示：

$$T_{集}=cm\ (车小时)$$

式中　c——货车集结系数。

每辆货车的平均集结时间则可用下式表示：

$$t_{集}=\frac{cm}{N}\ (h)$$

由此可得出以下结论：

（1）编组一个到达站出发车列一昼夜消耗的货车集结车小时 $T_{集}$，取决于货车集结系数 c 和车列的编成辆数 m，而与该去向一昼夜参加集结的车流量 N 的大小无关。

（2）每辆货车的平均集结时间 $t_{集}$，与该去向一昼夜参加集结的车流量大小成反比关系。

（3）影响货车集结系数 c 的主要因素是车组（特别是结束车列集结的最后车组）大小的不均衡性、车组配合到达的程度及货车集结中断的次数与时间。

（4）整个车站的货车集结时间还与列车编组计划规定的该站编组车列的到达站数及其车流强度有关。

（四）压缩货车集结时间的措施

根据上述因素对货车集结过程影响的规律，技术站日常运输生产中压缩货车集结时间应采取的主要措施有：

（1）组织货车按去向分阶段配合到达。

通过调度所在合理制定日历装车计划的基础上，组织枢纽和邻接区段内的车站按去向分阶段装卸车，并使其配合送到技术站，加速车流集结和车流接续，并保证按列车运行图编发列车。

（2）组织好本站自装重车或自卸空车的作业，并及时取回以扩大最后车组，提前结束车列集结过程。根据货车到达情况，有预见性地挂线装卸，配合车列的集结。

（3）组织超轴列车，将同去向的货车挂完，造成集结中断。采用此项措施必须征得列车司机同意并得到列车调度员的许可。

技能训练

一、甲—丁方向各区段列车牵引重量标准如图 2-9 所示：

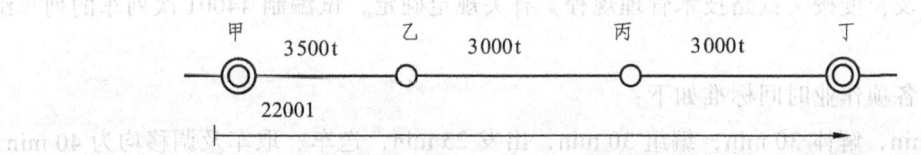

图 2-9 甲—丁方向各区段情况

某日甲站编开 22001 次列车，编组内容如下（全部为运用货车，其中丁/10 为甲站自装）：

| 丁/5 | 丁—戊/19 | 丁/20 | 乙/3 | 乙—丙/3 | 本务机车 |

按要求填写表 2-7。

表 2-7 甲—丁各站工作项目

项 目	站 名			
	甲	乙	丙	丁
列车作业种类				
有调中转车数				
无调中转车数				
货物作业车数				

二、乙站在路网上的位置如图 2-10 所示：

```
     下行
  ────▶
   甲        乙   A  B  C  D  E  F  G   丙          丁
   ◎────────○───┼──┼──┼──┼──┼──┼──┼───○──────────◎
```

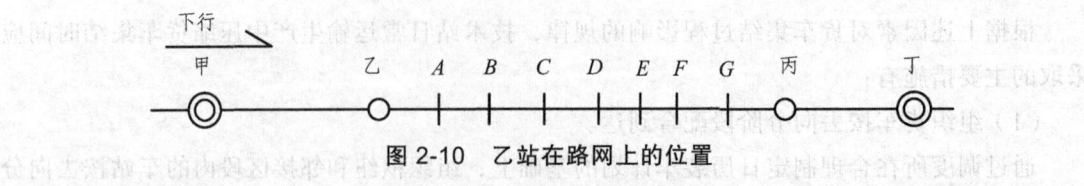

图 2-10　乙站在路网上的位置

乙站编组始发的 44001 次摘挂列车的编组顺序及货运票据上摘录的有关内容如下：

(1) C_{61}　　　0400231　　　空车到 A 站，A 厂自备车。
(2) C_{61}　　　0400232　　　空车到 A 站，A 厂自备车。
(3) P_{61}　　　3130011　　　甲站装 60 t 小麦 C 站卸，施封。
(4) C_{62A}　　4532132　　　甲站装 60 t 原木 B 站卸，关门车。
(5) P_{63}　　　3302729　　　乙站装农药 40 t D 站卸。
(6) P_{64}　　　3432131　　　乙站装百货 50 t D 站卸。
(7) C_{61}　　　4302475　　　装 60 t 军品，代号为 859/86246，盖两张篷布。
(8) G_{60}（轻油）6225472　　空车到 E 站。
(9) P_{65}　　　3534157　　　代客空车，到 F 站。
(10) C_{62B}　　4637288　　　乙站装空集装箱 4 个，自重 2.21 t，到 G 站。

货车重量及长度按《铁路技术管理规程》有关规定确定，试编制 44001 次列车的列车编组顺序表。

三、乙站各项作业时间标准如下：

到达 35 min，解体 30 min，编组 30 min，出发 25 min，送车、取车及调移均为 40 min，卸车 60 min，装车 120 min。乙站始发的部分列车出发时刻见表 2-8：

表 2-8　乙站始发部分列车出发时刻

车　次	44016	33202	44132	33204	33001	44101	33003
出发时刻	19:55	21:30	22:40	1:20	20:20	21:15	22:50

假设货车紧接续，有调中转车 18:30 到达，在站装车的一次货物作业车 14:30 到达，在站卸车的一次货物作业车 16:30 到达，在站先卸后装的双重货物作业车 15:30 到达，分别确定能挂运上述四种货车出发的最早的列车车次（不分方向）。

四、甲站编组 22013 次列车，编组辆数为 50 辆，各车组进入调车线的时间及车数见表 2-9，试绘制 22013 次车列集结过程图并计算所消耗的车列集结车小时。

表 2-9　各车组进入情况

	第 1 组	第 2 组	第 3 组	第 4 组	第 5 组
进入车数	5	10	8	22	5
进入时间	10:00	10:30	10:50	11:20	11:30

五、乙站编组丙到达站的列车，列车编成辆数为 50 辆，一昼夜的集结过程如图 2-11 所示，试计算丙到达站一昼夜的集结时间及该到达站的集结系数。

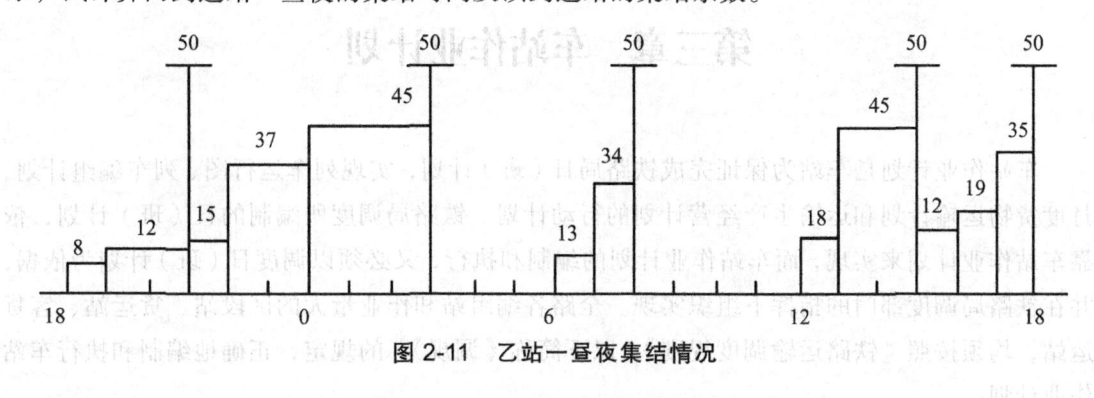

图 2-11 乙站一昼夜集结情况

第三章　车站作业计划

车站作业计划是车站为保证完成铁路局日（班）计划，实现列车运行图、列车编组计划、月度货物运输计划和运输生产经营计划的行动计划。铁路局调度所编制的日（班）计划，依靠车站作业计划来实现，而车站作业计划的编制和执行，又必须以调度日（班）计划为依据，并在铁路局调度部门的指挥下组织实现。全路各编组站和作业量大的区段站、货运站、客货运站，均须按照《铁路运输调度规则》（以下简称《调规》）的规定，正确地编制和执行车站作业计划。

车站作业计划主要包括车站班计划、阶段计划和调车作业计划。

车站班计划是车站作业的基本计划，由主管运输的副站长（调度室主任或运转主任）编制；阶段计划是班计划分阶段的具体安排，是完成班计划的保证，由车站调度员编制；调车作业计划是实现阶段计划、指挥调车机车的具体行动计划，由调车领导人负责编制。

第一节　车站班计划

铁路运输工作由当日 18:01 至次日 18:00 计为一个工作日，一个工作日分为两个班，即当日 18:01 至次日 6:00 为第一班（夜班），次日 6:01 至次日 18:00 为第二班（白班）。

一、班计划的主要内容

班计划是车站完成一个班的运输生产任务的作业组织计划。

班计划主要包括以下内容：

（1）列车到达计划。

列车到达计划包括：各方向到达的列车车次（划分车场的车站要有场别）、时分、机车型号、机车号、编组内容（去向别的重车数、车种别的空车数、到达本站卸车的重车数）。

（2）列车出发计划。

列车出发计划包括发往各方向的列车车次（划分车场的车站要有场别）、时分、机车交路及型号、机车号、编组内容（去向别的重车数、车种别的空车数）、车流的来源。

（3）卸车计划。

卸车计划包括全站的卸车数、主要卸车点大宗货物的卸车数、卸后空车的使用安排。

（4）装车计划。

装车计划包括全站的装车数、主要装车点大宗货物按品类、车种和去向别的装车数、装车所需空车的来源、装完后重车的挂运车次。

"五定"班列及直达、成组装车的各主要装车点按品类、车种和去向别的装车数、装车所需空车的来源、装完后重车的挂运车次。

（5）客车底取送、摘挂的车次、时间、车种、辆数。

（6）班任务。

班工作总任务主要包括：

货车出入总数（到达车数与发出车数之和），阶段运用车计划，货车平均中转时间，一次货物作业平均停留时间。

全站及各场别的到、发列数，编、解列数，无调中转列数。

各货物作业地点别的装、卸车数。

检修车扣修及取送计划，站、段、厂修竣车数，货车备用及解除计划。

（7）厂、矿、港交接站和国境站货车交接次数、时间、车种、辆数。

（8）工务、电务、供电施工计划。

（9）其他临时重点任务。

车站班计划可利用车站班计划表进行编制，由于各站的具体情况并不完全相同，因此表格的具体组成也不完全相同。表 3-1 所示的班计划表包括了班计划最主要、最基本的内容。

二、班计划的编制步骤

（一）收集编制车站班计划的资料

车站值班站长或有关人员，每日按规定时间将编制车站班计划所需的资料，提供给班计划编制人，主要包括：

（1）15:00（3:00）当时的有关资料，包括：

各车场现车分布情况；调车场各股道停留的重、空车数；各货物作业地点现车分布情况及取送、装卸作业进度；各车辆作业地点现车分布情况及作业进度；

（2）15:00—18:00（3:00—6:00）间的有关资料：

到达列车的确报及占用股道情况；出发列车的车次、编组内容及占用股道；

（3）18:00（6:00）后陆续到达的列车确报；

（4）次日装车计划的货源组织情况及其装车所需空车的车种、车数；

（5）次日军运物资的到达卸车、配装和挂运计划；

（6）各台调车机车的计划作业进度、预计整备时间；

（7）其他资料，如设备维修、施工要点、其他临时重点任务及调度命令、指示等。

（二）预计车站 18:00（6:00）现在车数

根据 15:00（3:00）当时的有关现车资料和 15:00—18:00（3:00—6:00）间列车到发、取送等资料，即可推算出 18:00（6:00）时到发场、调车场、货物作业地点和车辆作业地点的重车数（按去向）和空车数（按车种）。

表 3-1　乙站班计划表（2012 年 8 月 18 日夜班）

方向	车次	到达时间	\multicolumn{5}{c}{列车到达计划}	方向	车次	出发时间	\multicolumn{2}{c}{列车出发计划}	合计辆数	\multicolumn{3}{c}{推算预计完成的中停时}	\multicolumn{3}{c}{班工作总任务}

列车到达计划

方向	车次	到达时间	甲方及其以远	乙—甲间	丙方及其以远	乙—丙间	货场	机务段	空车P	空车C	合计辆数
	上班结存		21	48	21	30	C10	C20	10	9	169
甲方向	30051	18:20			25	21	C10				56
	20109	20:35			56						56
	30053	21:05			35	10	C10				55
	20111	22:00			56						56
	30055	1:15			35	10	P10				55
	20113	1:40			56						56
	30057	3:30			30	25					55
	20115	4:00			56						56
丙方向	20110	18:58	56								56
	30138	20:10	45					C10			56
	30112	22:10	11								56
	30140	0:20	15	30							55
	20114	1:10	56								56
	30142	2:10	20	36				C20			56
	30144	4:30		35							55
	20116	5:05	56								56

列车出发计划

方向	车次	出发时间	编组内容及车流来源	合计辆数
丙	40101	19:15	站存/30	30
	30131	20:45	站存/21,30051/25,站装/10	56
	20109	21:25	原列/56	56
	20111	22:45	原列/56	56
	30133	0:25	30053/35,卸空/C20	55
	40103	1:15	30051/21,30053/10	31
	20113	2:25	原列/56	56
	30115	4:45	原列/56	56
	30135	5:25	30055/35,站装/20	55
甲	40112	18:25	站存/43	43
	20110	19:48	原列/56	56
	30052	22:25	30138/45,站存/11	56
	20112	23:00	原列/56	56
	20114	2:00	原列/56	56
	40114	2:30	站存/5,站装/9,30138/11,30140/15	40
	30054	4:40	站存/10,30140/30,30142/16	56
	20116	5:50	原列/56	56

推算预计完成的中停时

时间	计划到达	计划发出	结存	计划到达	计划发出	结存
18 点结存			110			59
18:01—19:00	102	33	179		10	59
19:01—20:00		86	93	10		59
20:01—21:00	112	46	159		10	49
21:01—22:00	101	56	204	10		59
22:01—23:00	56	168	92			59
23:01—0:00			92		10	49
0:01—1:00	45	35	102	10		59
1:01—2:00	157	87	172		20	50
2:01—3:00	56	87	141		9	50
3:01—4:00	111		252	20		70
4:01—5:00	35	112	175		20	50
5:01—6:00	56	91	140	60	69	672
合计	831	801	1801	99	672	
中停时	中转车数 816 中转停留车小时 1801 中停时 2.2			货物作业次数 40 作业车停留车小时 272 停时 6.8		

重点指示
1. 30052 次接续 30138 次同旅客，加强组织工作。
2. 夜间天气不良，加强卸车组织，注意行车安全。

卸车计划

卸车地点	卸车来源	卸车车数	卸后排运
货场	上班待卸装丙	C10	卸后待装丙
	30051	C10	卸后装丙
	30053	C10	卸后装
	30140	C20	卸后排空
机务段	上班待卸	C20	机务段上班待卸

装车计划

装车地点	装车来源	空车来源	空车车数	车种车数	装车去向	挂运车次
		上班待装	P10	丙	30131
		30051 次卸空	C10	丙	30135
		上班待装	C10	丙	30135
			C9	乙—甲	40114

（三）接收铁路局批准的次日装车计划

略。

（四）向铁路局调度所报告有关资料

为正确编制班计划，车站调度员、货运调度员和其他有关工种人员，应按规定的内容和时间，向铁路局调度所有关工种调度人员，提供编制铁路局调度日（班）计划的资料。

车站值班站长（调度室主任或车站调度员）每天将 15:00—18:00（3:00—6:00）间本站出发列车计划和编组内容及预计的 18:00（6:00）时的全站现车数、本站作业车数，按铁路局规定时间向铁路局调度所的计划调度员报告，并与其核对 15:00—18:00（3:00—6:00）间本站列车到达计划，共同确定 18:00—21:00（6:00—9:00）间车站列车到、发计划，提出编制班计划的建议。

（五）接收铁路局调度所下达的调度日（班）计划

车站值班站长（调度室主任或车站调度员）每日按规定时间，抄收铁路局调度所下达的调度日（班）计划。内容主要包括：

（1）各方向到达的列车车次、时分、编组内容（去向别重车数、车种别空车数、本站作业车数）。

（2）发往各方向的列车车次、时分、机车交路及型号、机车号、编组内容（去向别重车数，车种别空车数，直达、成组车数）、编组要求、车流来源、特种车辆的编挂限制。

（3）摘挂列车的装卸、甩挂作业计划。

（4）按发货单位、品名、到站别的装车（包括直达和成组装车）计划及空车来源。

（5）卸车数（包括货物品名、收货人）及排空任务。

（6）施工日计划。

（7）重点任务、指示。

（六）编制车站班计划

略。

（七）车站班计划的审批

站长（或副站长）负责审批班计划，并部署重点任务和关键事项。审批重点包括：

（1）各方向到、开列车对数，全站和分场别的货车出入总数，编解任务及主要装卸点装卸任务与能力是否适应；核心列车能否保证按计划开行。

（2）推定的中、停时能否完成月计划规定，累计不能完成时要向铁路局汇报，连续三天完不成，要找原因、定措施。

（3）各方向、各阶段的流线结合和车流接续情况，是否压流、欠车。

（4）军运、特运车辆及列车的到发、装卸、编解、零星甩挂的安排是否符合规章、命令、指示。

（5）安全及重点注意事项。

（6）施工、运输两不误的计划与措施是否落实。

车站班计划批准后，在交接班会上进行传达，并在具体工作中组织实现。

三、车站班计划的编制方法

下面以乙站为例,说明车站班计划的编制方法。

已知资料:

(1)乙站在路网上的位置及平面布置如图 3-1、图 3-2 所示。

图 3-1 乙站在路网上的位置图

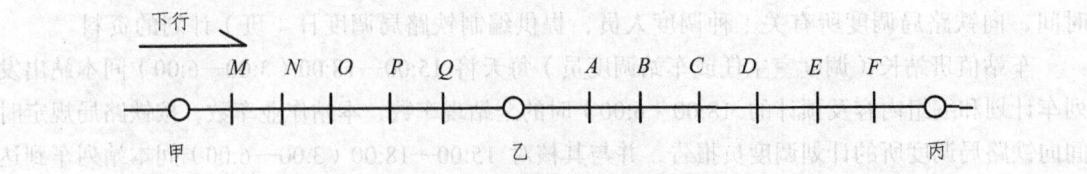

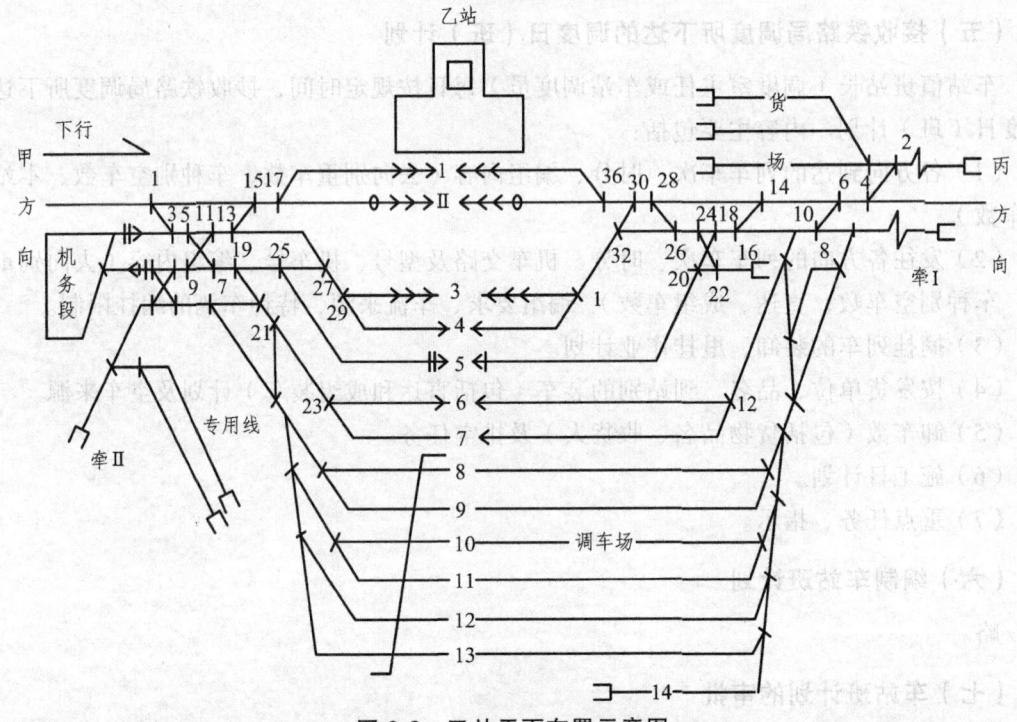

图 3-2 乙站平面布置示意图

(2)与乙站相关的列车编组计划及规定的列车编组辆数见表 3-2。

表 3-2 与乙站有关的列车编组计划

编组站	解体站	编组内容	列车种类	车次	附注
乙	甲	甲及其以远	区段		55~56 辆
乙	甲	乙—甲按站顺	摘挂		≤56 辆
乙	丙	1. 丙及其以远;2. 空车	区段		55~56 辆
乙	丙	乙—丙按站顺	摘挂		≤56 辆
甲	丙	丙及其以远	直通		
丙	甲	甲及其以远	直通		

(3) 乙站在牵Ⅰ上配备调机一台，车站各项技术作业时间标准（min）见表3-3。

表3-3　乙站技术作业时间标准（min）

作业项目	时间标准	作业项目	时间标准
到　达	35	卸车（一批，不分辆数）	90
出　发	25	装车（一批，不分辆数）	150
解　体	30	货　场	30
编　组	30（区段列车） 40（摘挂列车）	取　送	机务段 20
解编结合（坐编）	40~50	双重作业调移	15
无调中转列车作业	45	交接班（20:00—21:00）	30
整　场	20~30	机车整备	30
机车整备及交接班若同时进行			45

(4) 乙站线路固定使用方案见表3-4。

表3-4　乙站线路固定使用方案

股道	容车数	固定用途	股道	容车数	固定用途
1	65	接发旅客列车	10	70	空车、丙及其以远
3、4	65	接发无调中转货物列车	11	70	乙—丙
5		机车走行	12	65	特种车
6、7	70	接发改编货物列车	13	60	本站卸车
8	75	甲及其以远	14	30	站修
9	75	乙—甲	Ⅰ牵	60	Ⅰ调解编

(5) 铁路局规定的班计划卸车任务：铁路局调度所规定本班应完成卸车数60辆。
(6) 铁路局下达的班计划排空任务。
调度所指定本班由30133次列车挂运空敞车20辆。
(7) 铁路局批准的装车计划。
铁路局调度所批准的本班装车计划有关内容见表3-5。

表3-5　铁路局下达的乙站装车计划

装车计划		
装车地点	所需车种车数	所装货物品名	所装货物去向
---	---	---	---
货　场	P10	百货	丙
	C10	钢筋	丙
	C10	木材	丙
	C9	粮食	乙—甲

(8)预计 18:00 全站现在车数及分布情况。

到发线：6 道停有待发列车 40112 次，列车编成辆数为 43 辆，其中 10 辆为本站自装车；

调车线：甲及其以远 21 辆，乙—甲 5 辆，丙及其以远 21 辆，乙—丙 30 辆，待送货场卸的重敞车 10 辆；

货场：正在装到丙卸的棚车 10 辆和到乙—甲卸的敞车 9 辆，预计最迟 18:30 均能装完；

机务段：正在卸 20 辆敞车，预计 19:00 能卸完。

(9)其他资料。

17:50 调机开始编组 40101 次；中间站 P 站当天挂车数较多，调度所规定 40112 次必须为 P 站挂车留轴，因此，乙站最多只能编挂 43 辆。

（一）编制列车到达计划

列车到达计划是铁路局调度所作为班工作任务布置给车站的，车站可直接接收，无需另作安排。

乙站列车到达计划见表 3-1。

（二）编制卸车计划

编制卸车计划就是按照铁路局调度日（班）计划规定的卸车任务，落实本班的卸车来源，并确定其中哪些车可在本班结束前卸完，即哪些车可纳入本班的有效卸车数；还应结合班计划规定的排空任务和装车任务具体安排卸后空车的用途。

卸车的来源主要有以下几个方面：

（1）上班结束、本班开始时已送到各货物作业地点但未开始卸或正在卸未卸完的作业车，这种车称为上班待卸车。

上班待卸车一般情况都能在本班结束时卸完，因此，均可纳入到有效卸车数内。

（2）上班结束、本班开始时在调车线内等待送往货物作业地点卸车的重车，这种车可称为上班待送车。

上班待送车能否在本班结束前卸完，取决于何时送车以及送车作业和卸车作业所需要的时间。

（3）上班结束、本班开始时在到发线上待解车列中的到达本站卸车的重车。

这部分车辆能否在本班结束前卸完，取决于何时解体、何时送车以及解体作业、送车作业和卸车作业所需要的时间。

（4）本班陆续到达的列车中需在本站卸车的重车。

这部分车辆能否在本班结束前卸完，取决于何时到达、何时解体、何时送车以及到达作业、解体作业、送车作业和卸车作业所需要的时间。

除了考虑各种作业时间外，在实际工作中还应考虑货物品名、卸车能力及各种等待时间等因素。另外，除了做出数量上的安排外，还应做出具体的组织安排，主要包括：卸车的来源、车种车数、到达车次及到达时间、卸车地点及收货人、卸完空车的用途等。

例如，乙站卸车计划的编制：

① 根据收集的资料得知，上班结束、本班开始时在乙站货场有上班待卸敞车 10 辆、在机务段有上班待卸敞车 20 辆，这 30 辆车可纳入本班有效卸车数内。

② 从到达计划中可知：本班陆续到达的 30051 次、30053 次、30055 次、30140 次和 30144 次列车中均有到达本站卸车的重车，包括 50 辆敞车和 10 辆棚车，共计 60 辆，卸车地点均为货场。根据乙站技术作业时间标准，货车自到达车站至卸完至少需要：$t_{到} + t_{解} + t_{送} + t_{卸} = 35 + 30 + 30 + 90 = 3 \text{ h } 05 \text{ min}$，在实际工作中各项作业之间会产生一定的等待时间，因此，在编制计划时该项时间应放宽一些。假设放宽至 5 h，那么可以推定：1:00 前到达的需在本站卸车的重车能在本班结束前卸完，即 30051 次中的 10 辆敞车、30053 次中的 10 辆敞车和 30140 次中的 10 辆敞车共计 30 辆敞车可纳入有效卸车数内。

综合以上两项，本班计划卸车数为 60 辆，能够完成铁路局规定的本班卸车任务。

卸后空车的用途应根据排空任务和装车任务的需要做出具体安排，首先保证完成排空任务，然后考虑装车的需要。

（三）编制排空计划

排空计划是铁路局下达的一项任务，车站必须按指定的车次（方向）、车种、车数，保质保量地完成排空任务。车站排空所需空车来源主要是本站各卸车地点卸完的空车。

例如，乙站排空计划的编制：

铁路局调度所指定乙站本班由 30133 次列车排送空敞车 20 辆，乙站应落实空车的来源，并满足车种的需要，还应保证能编入 30133 次列车中按时出发。

根据卸车计划可知，本班机务段将产生卸后空敞车 20 辆，货场将产生卸后空敞车 40 辆。

若安排货场上班待卸车卸完后用于排空，自卸完时起至编入列车中发出，至少需要：$t_{取} + t_{编} + t_{发} = 30 + 30 + 25 = 2 \text{ h } 25 \text{ min}$；若安排机务段上班待卸车卸完后用于排空，自卸完时起至编入列车中发出，至少需要：$t_{取} + t_{编} + t_{发} = 20 + 30 + 25 = 2 \text{ h } 15 \text{ min}$。30133 次列车按规定 0:25 出发，卸完的空车若要编入 30133 次列车中排送，最晚应在 22:00 或 22:10 前卸完。根据资料，货场和机务段上班待卸的 30 辆敞车均预计在 19:00 卸完，因此，都满足 30133 次排空的条件。

若安排本班陆续到达的在本站卸车的重车卸完后用于排空，还应增加 $t_{到} + t_{解} + t_{送} + t_{卸} = 35 + 30 + 30(20) + 90 = 3 \text{ h } 05 \text{ min}$ 或 $2 \text{ h } 55 \text{ min}$ 四项作业时间，即货车自到达车站时起至卸完后的空车编入另一列车中发出时止所需的时间至少为：$2 \text{ h } 25 \text{ min} + 3 \text{ h } 05 \text{ min} = 5 \text{ h } 30 \text{ min}$ 或 $2 \text{ h } 15 \text{ min} + 2 \text{ h } 55 \text{ min} = 5 \text{ h } 10 \text{ min}$。经推算得知：18:55 前随列车到达需在本站货场卸的重车或 19:15 前随列车到达需在本站机务段卸的重车，卸完后也可用于 30133 次排空，因此，30051 次列车中需在货场卸车的 10 辆敞车也符合 30133 次排空的条件。

由于机务段没有装车任务，而且卸后空车的车种和车数又能满足排空任务的要求，所以安排机务段卸完的 20 辆空敞车排空更为合适。

（四）编制装车计划

装车计划应以调度所批准的次日装车计划为依据，落实装车所需空车的来源，并确定其中哪些车可在本班结束前装完，即哪些车可纳入本班的有效装车数，还应结合出发列车车流情况确定装完后的重车编入哪列车出发，即安排挂运车次。

装车所需空车首先考虑使用本装车地点卸完的空车（不包括用于排空任务的空车），其次考虑其他卸车地点卸完的空车（不包括用于排空任务的空车），最后考虑到达本站中转的空车。

例如，乙站装车计划的编制：

1. 确定装车所需空车的来源

铁路局调度所批准乙站本班共装车 39 辆（装车地点均在货场），其中 30 辆去丙方向，需要 10 辆空棚车和 20 辆空敞车；9 辆去乙—甲，需要空敞车。

根据资料，上班结束、本班开始时货场正在装去向丙的棚车 10 辆和去向乙—甲的敞车 9 辆，预计最迟在 18:30 装完。这 19 辆车称为上班待装车，应纳入本班有效装车数，装车所需的空车无需另做安排，因此，只需确定装往丙去向的 20 辆空敞车的来源即可。

在卸后的 60 辆空敞车中，机务段卸空的 20 辆已安排用于 30133 次排空，而货场卸空的 40 辆敞车可作为装车的空车来源。

若安排上班待卸车卸完后用于装车，那么货车自卸完后至再装完，至少需要：$t_{调移} + t_{装}$ = 15 + 150 = 2 h 45 min，即 3:15 前卸完的空车用来装车就能在本班结束前装完，可纳入本班有效装车数，而货场上班待卸的 10 辆空敞车预计 19:00 卸完，因此满足装车需要。

若安排到达本站卸车的重车卸完后用于装车，自到达车站时起至卸完后再装完，至少需要：$t_{到} + t_{解} + t_{送} + t_{卸} + t_{调移} + t_{装}$ = 35 + 30 + 30 + 90 + 15 + 150 = 5 h 50 min，即 0:10 前到达的需在本站卸车的重车，在卸完后用来装车就能在本班结束前装完，可纳入本班有效装车数。而 30051、30053 次列车均在 0:10 前到达，其中到达本站卸的 20 辆敞车满足装车需要，只需从中选出 10 辆用于装去丙的货物即可。

因此，可安排货场上班待卸的 10 辆敞车和 30051 次到达本站卸的 10 辆敞车卸完后装去丙的货物。

在实际工作中还应考虑货物品名、装车的能力、各种等待时间以及出发列车车流需要等因素。

2. 确定装完后重车的挂运车次

为减少货物作业车在站停留的时间，装完后的重车应及时安排挂运。首先按列车编组计划的规定，根据所装货物的去向，确定装完的重车可编入哪种列车中；再根据列车出发计划中规定的出发列车的发车时刻和推算的出发列车的车流来源，具体确定将装完的重车编入的列车车次。

本班所装重车的去向有丙和乙—甲两种，根据列车编组计划的规定，去丙的重车应编入下行区段列车挂运，去乙—甲的重车应编入上行摘挂列车挂运。

货车自装完至编入列车中发出至少需要：$t_{取} + t_{编} + t_{发}$ = 30 + 30 + 25 = 1 h 25 min，即在列车出发前 1 h 25 min 装完的重车可考虑由该列车挂运。

货场上班待装的去乙—甲的 9 辆敞车，预计在 18:30 装完，可安排由 19:55 后出发的上行摘挂列车挂运，本班出发的上行摘挂列车有 40112 次和 40114 次两列，19:55 后出发的只有 40114，因此，这 9 辆重车装完后可安排编入 40114 次列车挂走。

货场上班待装的去丙方向的 10 辆棚车，也预计 18:30 装完，可安排由 19:55 后出发的下行区段列车挂运，本班出发的下行区段列车有 30131 次、30133 次和 30155 次三列，均在 19:55 后出发，这 10 辆棚车编入其中任何一列中挂运都符合条件，但是，经推算 30131 次的出发车流来源还缺 10 辆，因此，为了满足出发列车的编组辆数的需要，这 10 辆重车必须编入 30131 次列车中挂走。

货场上班待卸卸后装丙的 10 辆敞车预计 19:00 卸完、最早 21:45 装完，可安排由 23:10

后出发的下行区段列车挂运，30133 次和 30135 次列车出发时间符合条件，如果调机能及时将其取回，则可编入 30133 次列车中挂运，否则可安排由 30135 次列车挂运。

货场 30051 次到卸卸后装丙的 10 辆敞车，最早可在 0:10 装完，可安排由 1:25 后出发的下行区段列车挂运，30135 次列车出发时间符合条件，且 30135 次列车的出发车流来源经推算还缺 20 辆，因此，可将这 10 辆装完的重车和上班待卸卸后装的 10 辆重车，一起安排由 30135 次列车挂运，这样，可安排调机把这 20 辆装完的重车同时取回参加 30135 次列车的编组。

（五）编制列车出发计划

列车出发计划是车站班计划的核心内容。

在列车出发计划中，列车出发的方向、车次由调度所在调度日（班）计划中布置，车站直接接收；列车出发的时刻及编组辆数按列车运行图的规定或调度日（班）计划确定；出发列车的编组内容按列车编组计划的有关规定确定；而出发列车的车流来源则需要由车站具体落实确定。

因此，确定每一列出发列车的车流来源是编制列车出发计划的主要任务，编制列车出发计划的过程，实质上就是推算车流、合理组织车流的过程，车流的组织应根据本站的技术作业过程的要求，尽量组织车流紧接续，缩短车辆在站停留时间。

无调中转列车在本站到达后，办理完无调中转列车技术作业后又原列出发，因此，对于无调中转列车而言，其出发车流来源就是列车到达时的编组内容，无需另行确定。而本站编组始发的列车，其车流来源则需要根据车站的具体情况逐一落实确定。

本站编组始发列车的车流来源主要有以下几个方面：

1. 上班结束、本班开始时的结存车（上班结存车）

（1）当时已在调车线内集结的车辆。

本班开始后，这部分车辆随时可以用来参加列车编组，是最可靠的车流来源。

（2）当时在到发线上待解车列中的有调中转车。

本班开始后，这部分车辆需经过解体作业进入调车线后才能用来参加列车编组。

（3）当时在各货物作业地点和车辆作业地点作业完毕待取回调车线的车辆。

本班开始后，这部分车辆需经过取车作业进入调车线后才能用来参加列车编组。

（4）当时在其他车场内待转场的车辆。

本班开始后，这部分车辆需经过转场作业进入调车线后才能用来参加编组列车。

（2）、（3）、（4）这三种车流在本班开始时已在车站，只要经过相应的作业后，就可用于编组列车，也是比较可靠的车流。

2. 班计划中陆续产生的车流

（1）陆续到达的有调中转车。

有调中转车到达车站后，需要进行到达、解体作业后才能参加另一列车的编组，有调中转车自到达车站时起，至编到另一列车中发出时止的时间称为有调中转车的车流接续时间，根据有调中转车在站的技术作业过程，其车流接续时间应为 $t_{到}$、$t_{解}$、$t_{集}$、$t_{编}$、$t_{发}$ 五项作业时间之和。

若车流解完立即参加编组，则集结时间为零，此时称为车流紧接续，车流的紧接续时间即有调中转车自到达车站时起，至编入另一列车中发出的最短接续时间，为 $t_{到}$、$t_{解}$、$t_{编}$、$t_{发}$ 四项作业时间之和。

如果车辆在别的车场，则还需增加转场作业的时间。

（2）陆续装卸完毕的货物作业车和陆续修竣的车辆。

这部分车辆的车流接续时间应考虑从装卸作业完毕时起，至编入另一列车中发出时止，进行的各项技术作业所需的时间，即 $t_{取}$、$t_{编}$、$t_{发}$ 三项作业时间之和。

（3）由非运用车转回运用车的空车。

由非运用车转回运用车的空车，可根据情况安排用于装车、排空或按编组计划编入列车出发。

下面以乙站下行编组始发列车为例说明编组始发列车车流来源的推算方法：

① 40101 次列车按规定 19:15 出发，按作业时间标准应在发车前 65 min（$t_{编}+t_{发}$）开始编组，即最晚在 18:10 开始编组，否则将会造成列车出发晚点。根据车次可知 40101 次列车是下行摘挂列车，按编组计划规定应编入乙—丙的中间站车流，而 18:10 当时结存的乙—丙车流共 30 辆已在调车线上集结，可以参加编组，因此将这 30 辆车纳入 40101 次列车的车流来源。

② 40103 次列车 1:15 出发，最晚编组时间为 0:10，所需车流也是乙—丙的中间站车流，但是上班结存车已经编入了 40101 次列车，不能再用，此时应考虑陆续到达的有调中转车。根据列车到达计划可知：30051 次、30053 次、30055 次和 30057 次列车里均有乙—丙的中间站车流，由于有调中转车的紧接续时间为：$t_{到}+t_{解}+t_{编}+t_{发}=35+30+40+25=2\text{ h }10\text{ min}$，因此，可推算出 23:05 前到达的有调中转车可以参加 40103 次列车的编组，即 18:20 到达的 30051 次列车中的 21 辆有调中转车，以及 21:05 到达的 30053 次列车中的 10 辆有调中转车可以纳入 40103 次列车的车流来源。

③ 30131 次列车 20:45 出发，最晚编组时间为 19:50，所需车流为丙及其以远的重车和空车，19:50 当时在调车线上有结存车 21 辆，这 21 辆车可以纳入 30131 次的车流来源；根据紧接续时间 $t_{到}+t_{解}+t_{编}+t_{发}=35+30+30+25=2\text{ h}$，推定 18:45 前到达的有调中转车可以参加编组，即 18:20 到达的 30051 次列车中的 25 辆去丙的有调中转车可以纳入 30131 次列车的车流来源；再加上装车计划确定的自装车 10 辆，30131 次列车的车流共 56 辆，满足要求。

④ 30133 次列车 0:25 出发，调车线上去丙的上班结存车和 30051 次列车中的有调中转车已经编入 30131 次列车，不可再用。只有 30053 次中的 35 辆有调中转车可以纳入车流来源，另外再加上排空计划确定的机务段卸完的 20 辆空敞车，30133 次列车的车流共 55 辆，满足要求。

⑤ 同理，还可推算出 30055 次列车中的 35 辆有调中转车可以纳入 30135 次列车的车流来源，再加上装车计划确定的自装车 20 辆，30135 次列车的车流共 55 辆，满足要求。

（六）推算班计划预计完成的中时和停时

班计划编制完后，应推算本班可能完成的中时和停时，将推算的结果与班工作总任务规定的中时和停时指标进行比较，如果推算的中时、停时完不成规定的指标时，应进一步分析原因，采取相应措施，力争完成规定指标。

中时是中转车平均在站停留时间，用 $t_{中}$ 表示；停时是一次货物作业平均在站停留时间，用 $t_{货}$ 表示。

中时和停时的计算公式如下：

$$t_{中}=\frac{中转车在站总停留车小时}{中转车数}（h）$$

$$t_{货}=\frac{货物作业车在站总停留车小时}{货物作业次数}（h）$$

中时和停时的计算结果保留一位小数，第二位小数四舍五入。

推算班计划中时和停时可利用表格进行，见表 3-1。具体推算步骤如下：

（1）分别填记上班结束时结存的中转车数和作业车数。

根据已知资料，乙站 18 点当时结存的中转车为 110 辆，作业车为 59 辆。

（2）按照所编制的列车到达计划和出发计划，填记每小时内到达、发出的中转车数和作业车数。

（3）计算每小时末的结存的中转车车数和作业车车数填记在对应的结存栏内，计算公式如下：

本小时末结存车数 = 上小时末结存车数 + 本小时内到达车数 - 本小时内发出车数

（4）计算每个小时内中转车和作业车产生的停留车小时。

详细计算每小时内到达和发出的货车所产生的停留时间，是一件费时又费力的事，由于编制计划的时间有限，为便于计算，假定每小时末结存的货车在本小时内始终停留，则每小时内货车产生的停留车小时，在数值上可以简单以每小时末结存的车数表示，即：

本小时内的停留车小时 = 本小时末结存车数 ×1（车小时）

（5）合计本班内到达、出发的中转车数和货物作业车数。

例如，乙站本班到达中转车 831 辆，发出中转车 801 辆；到达货物作业车 60 辆，发出货物作业车 69 辆。

（6）计算本班内中转车和货物作业车各自所产生的总停留车小时。

根据上面的假设，本班内中转车产生的总停留车小时和货物作业车产生的总停留车小时分别为本班 12 个小时末的中转车结存车数之和及作业车结存车数之和。

例如，乙站本班的中转车总停留车小时为 1 801 车小时，货物作业车总停留车小时为 672 车小时。

（7）确定本班的中转车数。

凡是在本班内产生了停留车小时的中转车都应该列为本班的中转车数，但是在这些中转车中，有些是在上一班内到达、在本班内发出的，还有一些是在本班内到达、在下一班发出的，这样的中转车在上一班或下一班也产生了停留车小时，也应该计入上一班或下一班中转车数内，因此被计算了两次，这是不合理的。因此，在推算班计划中时的时候，用下面的方法确定本班的中转车数：

$$中转车数=\frac{到达的中转车数+发出的中转车数}{2}（车）$$

例如，乙站本班的中转车数为：

$$\frac{831+801}{2}=816（车）$$

（8）确定本班的货物作业次数。

推算班计划停时的时候，货物作业次数即计划装车数与计划卸车数之和。例如，乙站本班货物作业次数为：60 + 39 = 99（次）。

（9）计算本班预计完成的中时和停时。

根据中时和停时的计算公式，将上面确定的中转车总停留车小时和作业车总停留车小时、中转车数、货物作业次数带入公式，即可计算出本班预计完成的中时和停时。

例如，乙站本班的中时推算为：

$$\frac{1801}{816}=2.2（h）$$

乙站本班的停时推算为：

$$\frac{672}{99}=6.8（h）$$

第二节 阶段计划

阶段计划是保证实现班计划的行动计划。由于编制班计划时的有些资料是 6:00（18:00）前预计的，而本班内陆续到达的列车，其编组内容、到达时刻以及货物作业车的装卸进度、调车作业进度等都有可能发生变化。因此，车站应在执行班计划的过程中，根据当时的实际情况和变化后的情况，在各阶段计划中及时采取调整措施，进行具体工作的安排，才能保证完成班计划规定的任务。

一般情况下，一个班分为 3~4 个阶段，每个阶段为 3~4 小时。

一、阶段计划的内容

阶段计划主要包括以下内容：

（1）各方向到达列车的车次、时分、机车型号、机车号、进入场别、占用线别、编组内容、解体顺序和起止时分。

（2）发往各方向的列车车次、时分、机车交路及型号、机车号、编组内容、车流来源、占用发车场别、线别、编组作业起止时分。

（3）各货物作业地点的卸车数、品名、收货人、送车时间、卸空时间、空车用途。

（4）各货物作业地点的装车数、车种、品名、到站、空车来源、送入时间、装完时间、挂运车次。

（5）装载重点军用、超限超重、剧毒品等特种货物的车辆加挂车次、辆数、编挂限制。

（6）中转列车成组甩挂车次、时间、辆数、去向。

（7）各场（区）及货物作业地点间的车辆（包括检修、洗刷、倒装等车辆）的交换次数、取送地点、时间、辆数。

（8）客车底取送及摘挂的车次、时间、地点、车种、辆数。
（9）调车机车运用和整备计划，驼峰解体、牵出线编组及取送作业的安排。
（10）检修车的扣修计划。
（11）施工和维修计划。

二、编制阶段计划的资料

阶段计划的编制，须掌握下列资料：
（1）列车到发和占用到发线情况。
（2）现在车分布情况。
（3）班计划规定的该阶段内到发列车的时分、编组内容。
（4）编组、解体、装车、卸车、取送和场间交换作业情况。
（5）到达列车的预确报。
（6）调车场线路的使用情况。
（7）调车机车运用和整备状况。
（8）机车交路情况。
（9）车辆检修、扣车计划。
（10）施工和维修计划。

车站调度员（助理调度员）于每天 18:00、0:00、6:00、12:00 向铁路局调度所报告包括重车分去向（其中到本局和邻局管内摘挂的车流分到站）、待卸车和空车分车种的现车情况。

铁路局调度于阶段计划开始前一小时，将下一阶段的列车运行调整计划（包括到发列车车次、预计到达时分、编组内容、机车交路及型号、机车号）等有关情况通知车站值班站长（车站调度员）。

阶段计划由车站调度员根据班计划和《铁路运输调度规则》有关规定，按列车编组计划、列车运行图以及《技规》、《行车组织规则》（以下简称《行规》）编组列车的规定，《站细》规定的列车占线程序、各项技术作业的时间标准和调车区的划分、调车机车的作业分工，利用车站技术作业图表进行编制。

三、车站技术作业图表

（一）车站技术作业图表的作用

车站技术作业图表是车站调度员用以编制阶段计划和进行调度指挥的工具。由于它能全面记录车站各项技术设备运用和作业进度的实际情况，因此，它又是车站工作分析的原始资料。车站调度员应按规定正确及时认真地填记。

（二）车站技术作业图表的格式

由于各车站的主要设备和作业情况不同，车站技术作业图表的格式也不完全相同，但一般包括的栏目如图 3-3 所示。

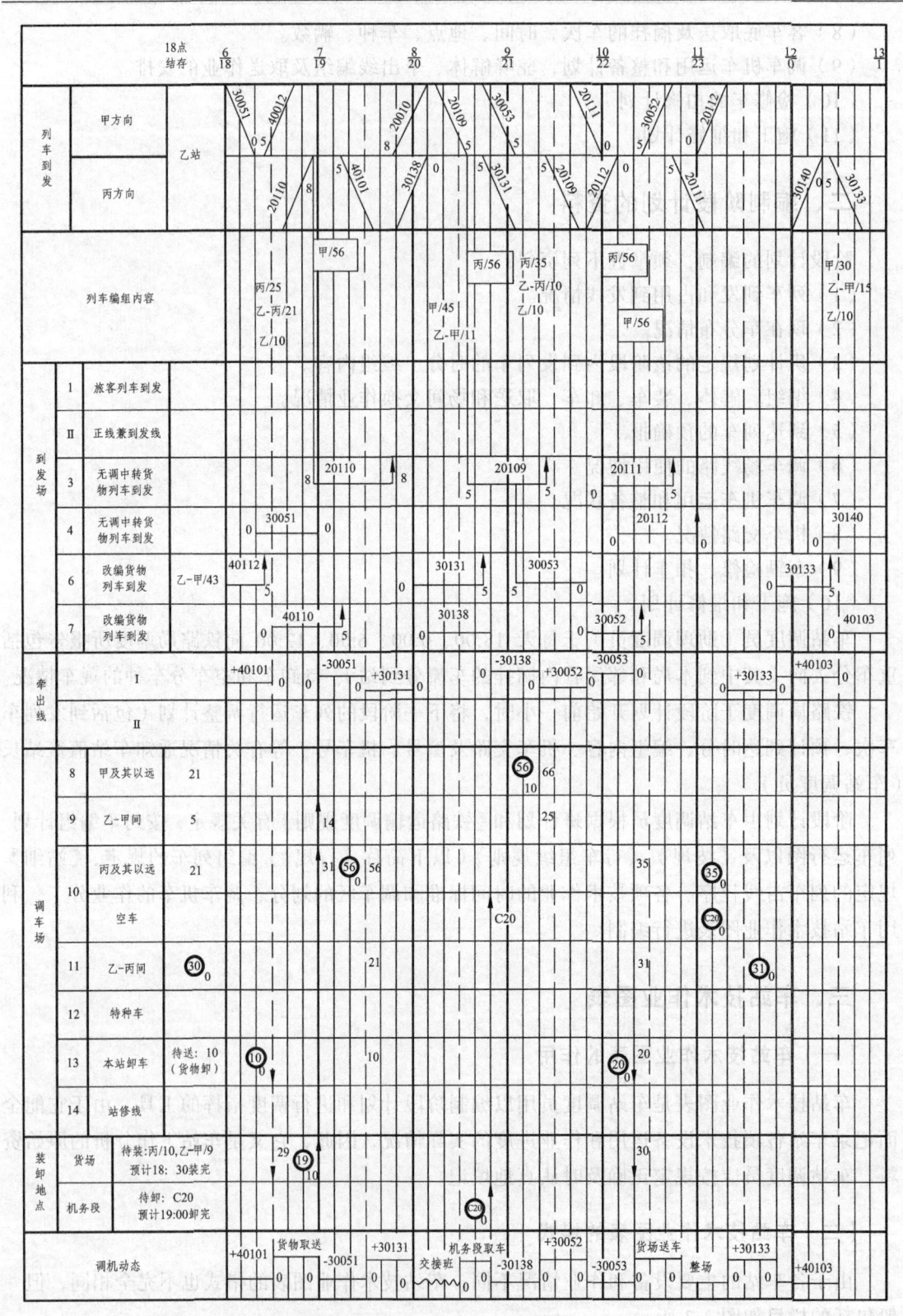

图 3-3 车站技术作业图表

（1）列车到发栏：填记到发列车的车次、到发时刻。

（2）列车编组内容栏：填记到达列车的编组内容。

（3）到发场栏：填记各次列车占用到发线的顺序及起止时间。

（4）调车场栏：填记去向别重车、车种别空车在各调车线的集结情况，以及到达本站卸的重车在调车线停留待送的情况。

（5）驼峰或牵出线栏：填记解体或编组调车作业占用驼峰或牵出线的车次、顺序及起止时间。

（6）货物作业地点栏：填记各货物作业地点的车数随取送作业的变化情况。

（7）调车机车动态栏：填记每台调车机车进行的作业项目、各项作业的顺序及作业的起止时间。

（三）车站技术作业图表的填画说明

（1）列车到发计划线：黑铅笔线。

（2）列车到发实际线：到、发旅客列车和出发货物列车为红色铅笔线，其他货物列车为蓝色铅笔线。

（3）列车到发正晚点情况：

正点到达和出发：画红圈；晚点到达和出发：画蓝圈。

圈内注明早、晚点时分，晚点原因可用简明略号注明，如因编组晚点可只写"编"字。

（4）调车机车作业：计划线为黑直线；实际线为蓝直线。

（5）调车机车交接班、上煤、上水、上油：计划线为黑曲线；实际线为蓝曲线。

（6）调车机车非生产时间：吃饭为红曲线；其他为红直线。

（7）调车机车作业动态代号：

交接班（J），上水（S），上煤（M），上油（Y），机车故障（JG），信号故障（XG），吃饭（C），整备（ZB），整场（ZC），解体（-），编组（+），甩挂（-+），取车（QC），送车（SC），待命（D），等信号（DX），等列检（DJ），等货检（DH），等装卸（ZX），等解体（DJT），等编组（DB）。

文字或符号选择一种表示，禁止文字与符号混用。

（四）车站技术作业图表的填记方法

在《调规》中初步规定了车站技术作业图表的填记方法，各铁路局、车站针对本局、本站的具体情况对填记方法应做出补充规定，在实际工作中应按照规定正确、规范填记车站技术作业图表。

1. 无调中转列车的填记方法

（1）根据列车到达时分，在列车到发栏内画出到达列车的运行线，注明车次，并在列车到达时刻用垂直线引入至列车占用的到发线栏内。

（2）在编组内容栏的垂直线右侧，根据列车确报填记本次列车的编组内容：重车填"去向/车数"，空车填"车种/车数"，并在编组内容外加方框。

（3）在列车占用的到发线栏内，从列车到达时刻起至发出时刻止画一横线，标明起止时分，横线上标明占用的车次，在实际线上还应标明列车技术检查的起止时分。

（4）在列车规定的发车时刻，从列车占用的到发线所在栏用垂直线引入至列车到发栏内，在列车到发栏画上出发列车运行线，注明车次及出发时分，并在占用的到发线栏内的垂直线上划箭头指向出发运行线。

2. 到达解体列车的填记方法

（1）根据列车到达时分，在列车到发栏内画出到达列车的运行线，注明车次，并在列车到达时刻用垂直线引入至列车占用的到发线栏内。

（2）在编组内容栏的垂直线右侧，根据列车确报填记本次列车的编组内容：重车填"去向/车数"，空车填"车种/车数"，编组内容外不加方框，与无调中转列车区别。

（3）在列车占用的到发线栏内，从列车到达时刻起至解体开始时止画一横线，注明起止时分，横线上标明占用的车次，在实际线上还应标明到达技术作业的起止时分。

（4）在解体开始时刻，用垂直线引入驼峰或牵出线栏，在驼峰或牵出线栏内，自解体开始至解体结束画一横线，标明起止时分，在横线上注明"－××××××"，如有送禁溜车、限速车等作业内容，也应详细标明。

（5）在解体结束的时刻用垂直线引入相关调车线，解完后的车辆进入哪条线就引入至哪条线，在对应调车线所在栏的垂直线右侧填记解完该列车后该调车线内的总车数。

3. 编组出发列车的填记方法

（1）在编组开始时刻，用垂直线从编组所在的调车线引入至驼峰或牵出线栏，在驼峰或牵出线栏内，自编组开始时起至编组结束时止画一横线，注明起止时分，在横线上标明"＋××××××"。

（2）在编组所在的调车线的垂直线左侧画圈，圈内注明该调车线内参加编组本次列车的辆数，在圈外右下角填记扣除参加编组的车数后该调车线上的剩余车数。

（3）在驼峰或牵出线栏的编组结束时刻，用垂直线引入至列车出发占用的到发线栏，在该到发线栏内自编组结束时起至列车出发时止画一横线，横线上标明占用的车次，注明起止时分，在实际图上还应标明出发技术作业的起止时分。

（4）在列车规定的发车时刻，从列车占用的到发线所在栏用垂直线引入列车到发栏内，在列车到发栏画上出发列车运行线，注明车次及出发时分，并在占用的到发线栏内的垂直线上划箭头指向出发运行线。

4. 送车作业的填记方法

（1）在到达本站卸的重车停留待送的调车线所在栏内，在送车开始时刻用垂直线引入至送到地点，在本调车线栏内的垂直线上加画箭头，箭头指向送去方向，同时在垂直线左侧画圈，圈内填记送走的车数，圈外注明本次送车后该线路内的剩余车数。

（2）在送到地点栏内，垂直线上加画箭头，箭头指向同调车线，并在垂直线右侧填记该地点本次送车后的总车数。

5. 取车作业的填记方法

（1）在取车地点所在栏内，从取车结束时刻用垂直线引入至取回的车辆集结所在的调车线，在本取车地点所在栏的垂直线上加画箭头，箭头指向取回方向，并在垂直线左侧画圈，圈内填记取走的车数，圈外注明本次取车后该地点剩余的车数。

（2）在取回的车辆集结所在的调车线内，垂直线上加画箭头，箭头指向同取车地点，并在垂直线右侧填记车辆取回后该调车线的总车数。

6. 取送结合作业的填记方法

将送车作业和取车作业的填记方法结合起来即可。

7. 调机动态的填记方法

在调机动态栏内，按规定的线条、文字或符号，用折线填记每台调车机车的各项作业时间和非生产时间。

车站技术作业图表的填记方法可参考图 3-3。

四、阶段计划的编制

（一）编制步骤

（1）填记本阶段开始时到发场、调车场、货场、专用线等处结存车情况。

（2）填记列车到发情况：

根据班计划中列车到达、出发计划，按先后顺序在列车到发栏内填画列车运行线、列车车次、到发时分；在列车编组内容栏内填记各次到达列车的编组内容；在到发场栏内填画各次列车占用到发线的顺序及占用起止时分。

（3）根据编组车列的需要，合理组织车流，安排调车机车的解体、编组、取送作业的顺序及起止时分。

（4）按填画技术作业图表的规定，随时推算并填记调车场、货物作业地点、车辆作业地点等处车数的变化情况。

（二）编制方法

1. 确定出发列车的车流来源

阶段计划应根据班计划的安排来确定各次出发列车的车流来源，但是由于班计划的车流资料是预先推算的，列车实际到达的时间和编组内容、车辆实际作业完了的时间和车数都有可能发生变化。因此，编制阶段计划与编制班计划不同，不能只按车流接续时间简单地推算车流，而应精打细算，全面考虑列车到发、解编和车辆装卸、取送作业的实际情况，从车列编组开始时实际进入调车场参加集结的车流中，逐列落实出发列车的车流来源。

2. 保证车流与运行线紧密结合

编制阶段计划的中心问题是组流上线。组织车流首先遇到的问题就是车流与运行线的矛盾：如果车流不足，出发运行线没有保证，可能造成列车欠轴或停运；若车流过大，运行线不够用，则可能造成车流积压、车站堵塞。因此，应根据不同的情况采取调整措施，使车流与运行线紧密结合。

当车流不足时，可根据具体情况采取以下措施进行调整：

（1）调整解体顺序，提前解体挂有编组急需车流的车列，以满足编开列车的需要。

（2）组织接续车流快速作业，实现车流紧接续。

（3）组织本站货物作业车流补轴。根据编组列车的需要，有计划地组织本站货物作业车的取送、装卸作业，优先装卸和取送编组需要的车辆，以保证编组列车满轴、正点出发。

（4）请求调度所调整列车的到达顺序，或利用小运转列车将本站编组急需的车流提前送到，以满足编开列车的需要。

当车流过大造成积压时，可建议调度所组织开行超轴列车，或利用单机挂车，或利用区段列车附挂中间站车流，将积压的车辆及时挂走，防止车站堵塞。

3. 编制调车机车运用计划

合理运用调车机车，全面完成解编和取送任务是阶段计划的关键内容，也是衡量车站作业计划质量与指挥水平的重要标志。

在编制调车机车运用计划时，应注意：

（1）合理分配调车机车的工作任务，均衡作业负担。配备有数台调机的车站，每台调机的工作任务应有明确规定。

（2）合理安排调机的作业顺序，保证编组列车的需要。

（3）组织调机协同动作，减少非生产等待时间。

（4）合理安排取送作业。

对于作业量大而稳定的装卸地点，应实行定时、定量取送制度；对于货流固定的成组车流，应组织成组装车，固定车次挂运；其他零星车流则应根据调机能力、等送（取）车数及其用途，确定取送顺序、取送地点、取送车数和取送起止时分；还应尽量减少取送次数和单机走行时间。

4. 合理制定到发场（线）运用计划

阶段计划中的到发线运用计划，由车站调度员和车站值班员共同负责确定，由车站值班员亲自掌握。车站调度员或车站值班员必须变更到发线使用计划时，须征得对方的同意并在技术作业图表中作鲜明的标记。

当车站调度员和车站值班员在确定和变更列车到发线运用计划出现意见分歧时，应由车站值班站长决定。

到发线运用计划与调机运用计划的关系十分密切，两者之间的能力应当互相调剂使用，当到发线能力不紧张而调车场内存车较多时，可组织调机提前编组或推迟解体，以减少调车场内停留车数，有利于解体作业顺利进行。反之，当到发线能力紧张时，应加速车列解体和适当推迟车列编组转线时间，但必须保证列车正点出发，保证有空闲线路不间断地接发列车。

第三节 调车作业计划

班计划规定了一个班的总任务，阶段计划规定了每台调车机车解编、取送等作业的顺序和起止时间，而调车作业计划是保证实现阶段计划规定的调车作业的具体行动计划。

调车作业计划由调车领导人负责编制，并以调车作业通知单的形式下达给调车指挥人及有关人员执行。

一、调车作业计划的编制依据

（1）阶段计划规定的各项调车作业的顺序和起止时分。
（2）到达列车确报：包括车种、车号、品名、载重、到站、收货人和特殊标记等。
（3）调车场线路及货物作业地点线路固定用途、容车数和停留车情况。
（4）调车区现在车及其分布情况。

二、调车作业通知单的填写

调车作业通知单应按铁路局规定格式逐项填记。

（一）调车作业通知单的格式

沈阳铁路局《行规》规定的调车作业通知单的格式如表 3-6 和表 3-7 所示，表 3-6 是技术站及配有调车机车的中间站使用的调车作业通知单（甲种），表 3-7 是中间站利用本务机车调车时使用的调车作业通知单（乙种）。

表 3-6 调车作业通知单（甲种）

调车作业通知单（甲种）　　第　　号

调 编组/解体　　次列车　开始　时　分　终了　时　分

顺 序	经 由	线 别	车 数 挂	车 数 摘	记 事
1					
2					
3					
4					
5					
6					

编制人：

表 3-7　调车作业通知单（乙种）

调车作业通知单（乙种）　　　第　　号
　　　　年　月　日
第　　次列车　时　分起　时　分止

顺序	经由	线别	车数		记事
			挂	摘	
1					
2					
3					
4					
5					
6					

线路示意图

| 旅客列车车次 | | 预计到开时刻 | |
| 调车领导人 | | 值班干部签字 | |

车站值班员：

（二）调车作业通知单的填记要求

（1）按规定格式的项目填写齐全。

（2）不同车场有相同股道名的线路，线别栏填记办法在《站细》内规定。

（3）挂车车数超过 5 辆时，在记事栏注明所挂最后部车辆的车号（不能掌握车号时除外）；挂走线路内全部车辆时，挂车栏内填记车数，记事栏填"全"；仅有一台调机作业的车站挂走线路内全部车辆超过 5 辆时，可不填记所挂最后部车辆的车号。机车带着车辆挂第一钩车时，要注明所带车数。

（4）禁止溜放的车辆在摘车数上划"○"；溜放限速连挂车辆及装载易窜动货物（钢轨、型钢、金属板、管、块、原木、方木、坑木、电柱、吊车、起重机、车辆轮对、钢梁）的车辆，记事栏内划"×"；可向空线溜放的禁止溜放车辆，在摘车数上划"△"；鲜蛋车在记事栏注明"蛋"；调动标有 ⚠ 的车辆或向停放标有 ⚠ 的车辆的线路上进行调车时，必须在调车作业通知单记事栏内注明 ⚠ 。

（5）调动限速的车辆，在挂车数的记事栏内划（　），并在（　）内注明限制速度。

（6）其他需要注明的事项及使用现在车管理系统编制调车作业计划的要求，在《站细》内规定。

中间站填记调车作业通知单时，对能进入接发旅客列车进路的调车作业，要注明作业时间内旅客列车的车次及预计到、发时刻。

三、调车区现在车的掌握

我国铁路调车区现在车的掌握，因各站设备和作业量不同而有所区别，过去大多数车站利用毛玻璃板和货票排顺的方法掌握现车，而现在全路技术站基本都采用计算机掌握现车，但是其原理与毛玻璃板掌握现车相同，在这里只介绍利用毛玻璃板和货票排顺掌握现车的方法。

（一）利用毛玻璃板掌握现车

根据车站设备的具体情况，在毛玻璃板上画成与车场股道相同的格数，再根据担当解体任务的机车所在的位置，统一规定上下端所代表的方向。例如，调车场两端为南北方向，担当解体任务的机车在南端，可规定上端为北，下端为南，此时毛玻璃板上现车自上而下的顺序，就是调车场现车从北到南的顺序。

每次交接班时，调车区长和车号长应根据调车区各股道实际存车的车种、车号及其排列顺序与毛玻璃板上记载的现车进行核对，无误后再根据调车作业通知单随时修改毛玻璃板，确保毛玻璃板上记载的现车与调车区各股道实际现车完全一致。

解体车列时，每批作业完了后，根据核对过的列车编组顺序表和调车作业通知单，按车组进入股道的方向和先后顺序，将车种、车号、品名、到站（或去向号）、特殊标记等逐一登记在毛玻璃板上。为简化记录工作，对相同到站（去向）、辆数较多的车组，可填记首尾两辆车的车号，并标明该车组的车数。

编组列车或取送车时，根据调车作业通知单，将各股道实际已编走或送走的车辆，在毛玻璃板上抹消，将取回的车辆及时登记在毛玻璃板上。

图3-4是乙站18点当时毛玻璃板记载的调车场各股道及货物作业地点的现车情况。

调车线 到发线	8道 甲及其以远	9道 乙—甲间	10道 丙及其以远	11道 乙—丙间	12道 特种车	13道 本站卸车	货场
3 道 空	C4537237 ⋮	C4174605N 砖 C4191285N 砖 C4201251N 砖 P3077159Ⅲ整零 P3077160Ⅲ整零 (5)	C4512677 ⋮	C4174142 E 砖 ⋮ (5) C4171202 C4132067 A 煤 ⋮ (6) C4314263 P3112360 C 整零 P3104210 C 整零 C1401425 F 焦炭 ⋮ (4)	C4230718货2煤 ⋮ C4234208 (10)	货1：待装丙/P4 货2：待装丙/P6 货3：待装乙—甲间/C9
4 道 空						
6 道 40112 乙—甲/43	C4517311 (21)		C4513211 (21)	C4235411 P3061771B ⚠ 关 P3061771 A 整零 C4215415 A 整零 C4260358 D 煤 ⋮ (6)		机务段 机1：待卸/C5 煤 机2：待卸/C5 煤 机3：待卸/C10 煤
7 道 空				C4232368 C4256878 B 草 ⚠ ⋮ (4) C4278688		

图 3-4　乙站现车记载示例

（二）货票排顺

将货票存放架分为若干格，分别存放调车区各股道现车的票据。为便于货票的取放，其上下端所代表的方向，一般与毛玻璃板规定的方向相反。根据调车作业通知单和各股道现车的增减、排列顺序的调整，及时调整存放架各格内的票据，确保架内各格存放的票据与毛玻璃板、调车区各股道内实际现车车数及其排列顺序完全一致。由于空车无货票，可在白纸上写明车种、车数，再放于货票存放架相应格内，以免遗漏。

四、解体调车作业计划的编制

车列的解体调车，一般是通过驼峰或牵出线，结合调车线使用方案，将车列中的车辆按其去向（重车）或车种（空车）分解到调车场指定的股道内，为重新编组作业和取送车创造有利条件。

解体调车根据具体情况可采用一次性整列解体或分几次分部解体的方法进行。

（一）整列解体

在到发场与调车场纵列布置的车站，一般都采用整列解体的方法进行解体作业；到发场与调车场并列布置的车站，有条件时也应尽量采用整列解体的方法进行解体作业。

例如，乙站30051次到达解体列车计划接入到发线4道，30051次列车的确报内容如下：

| 乙$_3$（货$_2$） | 丙$_{10}$ | A_5 | 丙$_5$ | C_5 | 丙$_3$ | 乙$_7$（货$_2$） | 丙$_7$ | D_2 ⚠ | E_4 | B_5 |

根据乙站调车场线路的固定使用方案，则Ⅰ调在牵Ⅰ上整列解体30051次的调车作业计划如表3-8所示。

表3-8 整列解体30051次的调车作业计划

调车作业通知单（甲种） 第 号

Ⅰ调 解体30051次列车 开始19时00分 终了19时00分

顺序	经由	线别	挂	摘	记事
1		4	56		全
2		13		3	
3		10		10	
4		11		5	
5		10		5	
6		11		5	
7		10		3	
8		13		7	
9		10		7	
10		11		⑪	禁溜

（二）分部解体

在横列式车站，当受牵出线长度或调车机车牵引力大小的限制，无法一次整列牵出待解体的车列时，可采用分部解体的方法进行解体作业。分部解体时，如果分成两部分，一般在待解车列中部将待解车列分开（开口），实际上还应根据待解车列的具体组成情况考虑选择开口位置。

选择开口位置时，一般应遵循以下原则：

（1）当待解车列中有禁溜车时，应在禁溜车之后开口（调车机车所在位置为后，推送方向为前）。

例如，待解车列由 52 辆组成，其编组顺序为：

| A_7 | B_4 | D_9 | B_6 | F_1 △ | E_6 | A_4 | B_2 | D_7 | B_6 | 调机 |

若分成两部分解体，按一般情况应在 B_6 和 F_1△ 之间开口，这样一来，在分解第一部分时，第一钩就是摘下 F_1△，而这是一组禁溜车，必须推送，此时调机将带着其余的 25 辆车去推送，既费时又费力，同时效率也低。因此应该在 F_1△ 与 E_6 之间开口，将 F_1△ 放在第二部分分解，而且是最后一钩单独推送。

（2）当待解车列中有长大车组时，应在长大车组之前开口。

例如，待解车列由 56 辆组成，其编组顺序为：

| A_2 | B_5 | D_2 | B_5 | D_6 | E_{15} | F_8 | D_9 | C_2 | B_2 | 调机 |

若分成两部分解体，一般情况从待解车列中间开口，但是这将把 E_{15} 车组人为分开，是不合理的。如果在 E_{15} 与 F_8 之间开口，将 E_{15} 放在第二部分进行分解，在整个解体过程中将一直带着这 15 辆车，在最后一钩才能将其摘下。较好的做法是在 E_{15} 与 D_6 之间开口，将 E_{15} 放在第一部分进行分解，这样第一钩就会将其摘下，减少了之后的带车数，减轻了车列的重量，有利于分解后面的各车组，同时能提高调车效率。

（3）当待解车列中有"坐编"车组时，应在"坐编"车组之后开口。

例如，乙站阶段计划规定 20:50—21:40 先解体 30138 然后编组 30052，而编组 30052 的车流来源为：30138 甲/45，站存甲/11 共 56 辆，即编组 30052 次列车所需的 56 辆车中有 45 辆来自刚解完的 30138 次列车。

根据列车确报，30138 次列车的具体编组内容和编组顺序如下：

| 甲$_{30}$ | O_4 | N_2 | 甲$_3$ | P_2 | 甲$_5$ | P_3 | 甲$_7$ | 调机 |

30138 次列车中甲及其以远的 45 辆车中，有一个 30 辆的大车组，这个大车组可以不分解到调车线内，可将其留在到发线上，只解其余 26 辆，解完后将编组所需的其余 26 辆甲及其以远的车补足到甲$_{30}$ 所在的到发线上并与其连挂，即可完成编组 30052 次的作业。这个大车组甲$_{30}$ 即为"坐编"车组，因此，应在甲$_{30}$ 与 O_4 之间开口。

（4）当调车场内某股道有"堵门车"时，应避免开口后的第一组车为进入该线的车组，以免调车机车带着其他车辆到该线路顶送堵门车。如不可避免时，可借用其他合适的线路，暂时将其溜入所借线路，待推送完"堵门车"后，再将其转至固定使用的线路内。

（三）解体照顾编组

根据到达解体列车的车组组成情况，以及编组列车的出发车流来源情况，有条件时可以采用解体照顾编组、解编结合（坐编）的作业方法，既能省钩又能省时。如乙站阶段计划规定 20:50—21:40 解完 30138 后编组 30052，根据分析满足解编结合的条件。

按照 30138 次列车确报和调车场 8 道结存车（见图 3-4）所示情况，30138 次接入到发线 7 道，编制解体 30138 编组 30052 的解编结合的调车作业计划如表 3-9 所示。

表 3-9　解体照顾编组调车作业计划

调车作业通知单（甲种）　　第　　号

Ⅰ调　解体 30051
　　　编组 30052　　次列车开始 20 时 50 分终了 21 时 40 分

顺序	经由	线别	车数 挂	车数 摘	记事
1		7		26	6013138
2		9	6		
3		8	3		
4		9	2		
5		8	5		
6		9	3		
7		8	19		4138643
8		7	26		连结
9					
10					

（四）解体照顾送车

解体照顾送车就是在解体车列时，为送车创造便利条件。

例如，乙站阶段计划规定 21:40—22:40 解完 30053 次列车后去货场送到达本站卸车的作业车。

已知：乙站 13 道在解体 30053 次列车前停有待送货场 2 道卸的重车 10 辆，30053 次到达确报如下：

| 乙$_3$（货$_3$） | 丙$_7$ | D_3 | 乙$_1$（货$_2$） | F_4 | 丙$_8$ | A_1 ⚠ | 关 | 丙$_5$ | 乙$_2$（货$_2$） | F_2 | 丙$_8$ | 乙$_3$（货$_3$） | 丙$_7$ | 乙$_1$（货$_2$） | 调机 |

30053次计划接入到发线6道，编挂有到达本站卸车的重车10辆。

要求：分部解体30053次，然后将13道20辆本站卸车的重车送到货场，其中货场2道卸的14辆，货场3道卸的6辆。

按照开口位置选择的一般规律，从A_1与丙$_5$之间开口，在分解车列的过程中，应考虑为接下来的送车作业提供方便，减少送车时的掏车作业，可将货场2道卸的车与货场3道卸的车分别连挂成组。因此，在解体时可将货场3道卸的车暂时借用其他线路存放。解体30053次照顾货场送车的调车作业计划如表3-10所示。

表3-10 解体照顾送车调车作业计划

调车作业通知单（甲种） 第 号

Ⅰ调 解体30053次列车 开始21时40分 终了22时40分
货场送车

顺序	经由	线别	车数挂	车数摘	记事
1		6	28		3623258
2		10		5	
3		13		2	
4		11		2	
5		10		8	
6		8		3	借线
7		10		7	
8		6	27		全
9		8		3	借线
10		10		7	
11		11		3	
12		13		1	
13		11		4	
14		10		8	
15		11		①	禁溜
16		13	13		全
17		8	5		4655455
18		货$_3$		6	对货位
19		货$_2$		14	对货位

五、取送调车作业计划的编制

取送调车作业计划应根据阶段计划规定的取送顺序、起止时分、调车场内待送车辆和装卸地点待取车辆停留等情况进行编制。

例如，乙站阶段计划规定 18:30—19:00 进行货场取送作业，将调车场 13 道内需在货场 1 道卸的 10 辆重车送往货场，然后将货场已装完的 19 辆重车取回调车场相应股道。

取送作业前货场存车情况如图 3-5 所示，货场 1 道装的 9 辆乙—甲重车应取回调车场 9 道参加集结，货场 2 道装完的 6 辆丙及其以远重车和货场 3 道装完的 4 辆丙及其以远重车，应取回调车场 10 道参加集结。

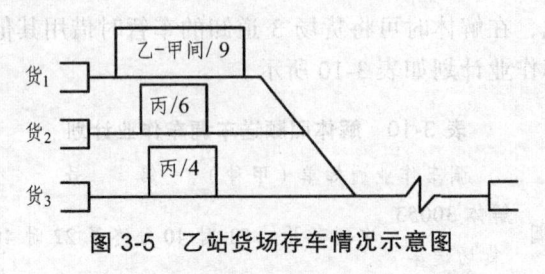

图 3-5　乙站货场存车情况示意图

按上述资料编制的取送调车作业计划如表 3-11 所示。

表 3-11　取送调车作业计划

调车作业通知单（甲种）　第　　号
Ⅰ 调　　货场取送　　开始 18 时 30 分终了 19 时 00 分

顺序	经由	线别	车数挂	车数摘	记事
1		13	10		全
2		货₁	9		全
3		货₂		9	
4		货₁		10	对货位
5		货₂	15		全
6		货₃	4		
7		10		10	
8		9		9	
9					
10					

六、编组调车作业计划的编制

由于车站用于集结的调车线是按照与本站相关的列车编组计划制定其具体用途的，一般每个列车到达站固定使用一条调车线进行集结，因此，在每条调车线内停留的车辆的去向基本固定，对于一般的列车而言，编组作业只要在一条或几条调车线上连挂所需的辆数，然后将连挂完的车列转至出发线即可，作业钩数少，也比较简单。

但是，编组计划对摘挂列车的编组往往有一些不同的要求，如按中间站的站顺编挂（即牵引机车后应连挂到列车运行方向第一作业站的车组，然后是到第二作业站的车组，依此类推）等，而在调车线内集结的中间站车流的到站排列是杂乱无章的，因此，编组摘挂列车时，

第三章 车站作业计划

必须将调车线内的待编车列按照编组计划的要求重新进行排序，即需要通过对待编车列重新进行分解，将同一到站的车辆放在一起，然后再按照规定的顺序连挂成列，这样一来，所需的调车钩数多，作业也较复杂。

为了解决摘挂列车编组的问题，铁路职工在长期的生产实践中，总结了许多省钩、省线的作业方法，本书着重介绍表格调车法（下落列调车法）。

例如，乙站在铁路线路上的位置如图3-1所示，与乙站相关的列车编组计划见表3-2，乙站线路固定使用方案见表3-4，乙站在右侧牵出线配备一台调机。

假设调车场9道集结的乙—甲中间站的待编车流共40辆，其排列顺序（从左至右）如下：

| O_3 | P_7 | Q_3 | O_4 | P_1 | M_6 | P_4 | O_3 | N_9 |

要求：按站顺编组40114次摘挂列车，列车由到发线6道发车，编制编组40114次列车的调车作业计划。

根据分析，编成后列车将从乙站向甲方向（即向左）出发，运行方向的第一到站为Q站，第二到站为P站，第三到站为O站，第四到站为N站，第五到站为M站，如图3-6所示。

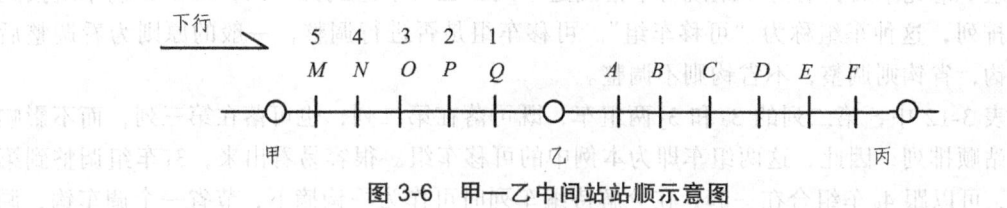

图 3-6 甲—乙中间站站顺示意图

因此，按照列车编组计划的要求，编成的40114次列车的顺序从左至右应为：

| 牵引机车 | Q_3 | P_{12} | O_{10} | N_9 | M_6 |

即：

| 牵引机车 | 1_3 | 2_{12} | 3_{10} | 4_9 | 5_6 |

表格调车法的一般步骤和方法如下：

（1）对待编车列中的车组按到站进行编号，并将编号后的车列填在调车表内。

本例中编号后的待编车列为：

| 3_3 | 2_7 | 1_3 | 3_4 | 2_1 | 5_6 | 2_4 | 3_3 | 4_9 |

（2）在调车表中将待编车列中的车组按顺序下落。

在本例中，由于编成后的列车向左出发，即最左侧的车组应为第一到站Q站的车组，然后顺序为第二到站P站、第三到站O站、第四到站N站、第五到站M站的车组，所以排顺下落的方法如下：

从待编车列的左端向右端，由第一到站开始下落，在从左到右的一次循环中，只有当车列中第一到站的所有车组下落完后，才能下落第二到站的车组，依此类推按到站顺序依次循环下落，每循环一次即产生一个下落列（一行），直至待编车列中所有车组均下落完毕。

每产生一个下落列,在分解待编车列时就需要占用一股道,有几个下落列就需要占用几股道。本例共产生四个下落列,最多需要四股道完成编组工作,如表3-12所示。

表 3-12　调车表

下落列	待编车列									
	股道	3_3	2_7	1_3	3_4	2_1	5_6	2_4	3_3	4_9	调机
一				1_3		2_1		2_4			
二			2_7		3_4				3_3		
三		3_3								4_9	
四							5_6				

如果编成的列车向右出发,那么车组下落的方法也不尽相同,需要根据具体情况进行分析,采取不同的下落方法。

(3)调整可移车组。

车组下落完毕后,有些车组既可下落到这一列,也可下落到另一列,均不影响车组按到站顺序排列,这种车组称为"可移车组"。可移车组是否进行调整,一般的原则为看调整后是否省钩,省钩则调整,不省钩则不调整。

在表3-12中,第二列的3_4和3_3两组车,既可落在第二列,也可落在第三列,而不影响车组按站顺排列,因此,这两组车即为本例中的可移车组。很容易看出来,3_3车组调整到第三列后,可以跟4_9车组合在一起,在分解待编车列时可作为一钩摘下,节省一个调车钩,调整是有利的。若3_4车组调整到第三列,则第一列中的2_1车组也可调整到第二列,但目前看并没有省钩。那么3_4车组是否进行调整,还应结合"合并使用线路"的方案综合考虑。

本例调整可移车组后的情况如表3-13所示。

表 3-13　调车表

下落列	待编车列									
	股道	3_3	2_7	1_3	3_4	2_1	5_6	2_4	3_3	4_9	调机
一				1_3				2_4			
二			2_7			2_1					
三		3_3			3_4				3_3	4_9	
四							5_6				

(4)合并使用线路。

下落列数越多,占用股道的数量也越多,在分解完待编车列后,按站顺连挂车组时所需要的挂车钩也越多。由于挂车钩所用时间长,因此,调车时的挂车钩数越多,调车工作平均每钩消耗的时间也越长,作业效率相应也越低。

合并使用线路,即安排两个甚至三个下落列的车组共同使用一股道,减少了占用股道的数量,达到减少挂车钩数、提高作业效率的目的。

几个下落列合并使用一股道,此时该下落列称为暂合列,暂合列中车组的排列顺序仍然是杂乱的，也就是说对暂合列还要再次进行分解，通过重新分解排好顺序。从本例来看，按站顺连挂车组时是从编号最大的下落列依次连挂到编号最小的下落列，即挂完的车列是按从左至右一、二、三、四列的顺序排列的，因此，在分解暂合列时，暂合列中的原下落列应该分解到紧邻的小编号下落列（即低位对口车组）所在的股道，即原第二列的车组分解到第一列所在的线路，原第三列的车组分解到第二列所在的线路，原第四列的车组分解到第三列所在的线路，这样才会重新排好车组的顺序。所以，哪些下落列可以合并使用线路并不是随意的。

按本例调机在右侧作业，编成的列车向左出发的条件，当下落列为四列、只能使用三股道时，合并使用线路的方案只有一种，即将二、四列合并组成暂合列共用一股调车线，第一列和第三列各自分别使用一股调车线，在分解暂合列时，原第二列的车组可向第一列所在股道分解，原第四列的车组则可向第三列所在股道分，这样分解完暂合列后，第一列和第二列的车组在同一股调车线上且按顺序排列，第三列和第四列的车组在同股调车线上且按顺序排列。

本例中合并使用线路的情况如表3-14所示，由二、四列组成的暂合列由三组车组成，其中2_7、2_1是原第二列的车组，5_6是原第四列的车组，在重新分解暂合列时将2_7、2_1分解到第一列所在股道，而将5_6分解到第三列所在股道，此时第一列所在调车线上的车组为$1_3 2_4 2_7 2_1$共四组车15辆，第三列所在调车线上的车组为$3_3 3_4 3_4 9_5 6$共四组车25辆，连挂时只需先去第三列所在股道挂车，然后再去第一列所在股道挂车即可，此时编成的车列为：$1_3 2_4 2_7 2_1 3_3 3_4 3_4 9_5 6$，符合编组计划要求。

表3-14 调车表

下落列	待编车列								
	股道	3_3	2_7	1_3	3_4	2_1	5_6	2_4	3_3	4_9	调机
一				1_3				2_4		
二、四			2_7			2_1	$\boxed{5_6}$			
三		3_3			3_4				3_3	4_9

当下落列超过四列时，合并使用线路的方案不再是唯一的，此时应如何选择组成暂合列才更有利呢？有利的合并方案应该是：暂合列内车组交错少，能增加邻组，能利用尾组，能减少调车钩数等。表3-15是部分合并使用线路的方案。

表3-15 合并使用线路的方案

下落列数	最少使用股道数	合并方案	暂合列数	分解暂合列	附注
四	三	二四	1		一、三列各单独占用一股道
五	三	五四二	1	第五列的车组仍分解到原暂合列所在股道	一、三列各单独占用一股道
	三	三五二		第三列的车组仍分解到原暂合列所在股道	一、四列各单独占用一股道
	三	一三五		第一列的车组仍分解到原暂合列所在股道	二、四列各单独占用一股道

在实际工作中，由于待编车列的排列情况复杂多变，如待编车列中有禁溜车、需要隔离的车等情况，则不能完全照搬上述方法，应根据实际情况做出相应合理的计划。

（5）安排调车线路的使用方案，填写调车作业通知单。

本例中，由于待编车列停在 9 道，因此可安排待编车列最左端的车组（坐底车组）3_3 所在的下落列即第三列占用 9 道，这样在第一钩连挂待编车列时可少挂这 3 辆车，减少带车数，在分解待编车列时还可省掉摘 3_3 这组车的摘车钩，从而提高调车效率；其他下落列则可安排借用有足够长度的、不影响调车作业的调车线。本例假设第一列借用 8 道，暂合列借用 10 道，见表 3-16。

表 3-16 调车表

下落列	待编车列								
	股道	3_3	2_7	1_3	3_4	2_1	5_6	2_4	3_3	4_9	调机
一	8			1_3				2_4		
二、四	10		2_7			2_1	5_6			
三	9	3_3			3_4				3_3	4_9

线路使用方案确定后，就可以编制计划填写调车作业通知单了，本例的调车作业计划如表 3-17 所示。

表 3-17 编组摘挂列车调车作业计划

调车作业通知单（甲种）　第　号

I 调　编组 40114 次列车开始 1 时 25 分终了 2 时 05 分

顺序	经由	线别	车数		记事
			挂	摘	
1		9	37		3307682
2		10		7	
3		8		3	
4		9		4	
5		10		7	
6		8		4	
7		9		12	
8		10		14	1482663
9		8		8	
10		9		19	全
11		8		15	5314888
12		6		40	
13					
14					
15					

技能训练

一、已知：

1. 乙站在路网上的位置及其平面示意图如下：

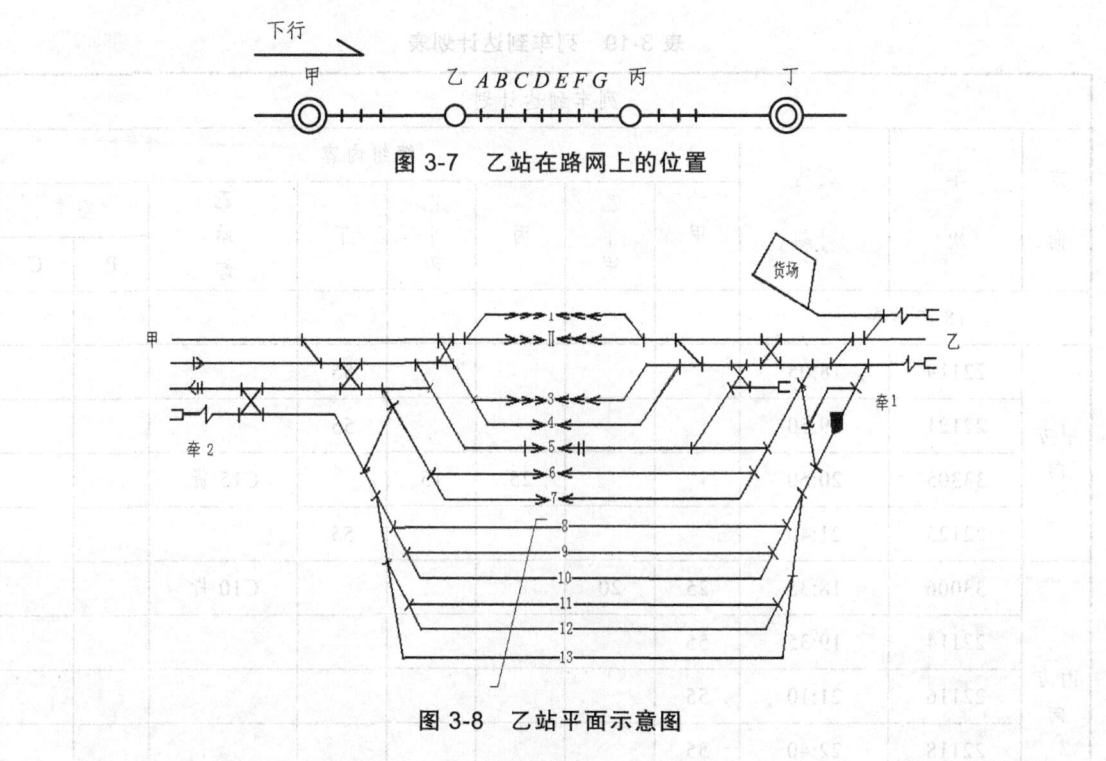

图 3-7 乙站在路网上的位置

图 3-8 乙站平面示意图

2. 有关的列车编组计划及编组辆数见表 3-18：

表 3-18 列车编组计划表

编组站	解体站	编组内容	列车种类	车次	附注
乙	甲	甲及其以远	区段	33302	55 辆
乙	甲	乙—甲按站顺	摘挂	44162	
乙	丙	1. 丙及其以远；2. 空车	区段	33001	55 辆
乙	丙	1. 乙—丙按站顺；2. 空车	摘挂	44141	按组顺编挂
甲	丁	丁及其以远	直通	22119~22123	
丁	甲	甲及其以远	直通	22112~22118	

3. 排空任务：33001 排空/C20，44141 排空/P10；
4. 18:00 现在车分布情况如下：
到发线 4 道：22112 次，甲/55，待发；
调车线：甲/15，乙—甲/25，丙/30，乙—丙/35，空/C15，乙/P10（待送）；
货　　场：甲/P5，丙/P5，乙—甲/P5，空/C10（装甲，21:30 装完）；P10 在卸，20:30 卸完；
机务段：空/C5；
5. 列车到达计划见表 3-19。

表 3-19　列车到达计划表

方向	车次	到达时刻	编组内容					空车	
			甲	乙—甲	丙	乙—丙	丁	乙站卸	P	C
	18 点结存									
甲方向	22119	18:05					55			
	22121	19:50					55			
	33305	20:50			25	15			C15 货	
	22123	21:40					55			
丙方向	33006	18:35	25	20					C10 货	
	22114	19:35	55							
	22116	21:10	55							
	22118	22:40	55							
	44144	23:40	30	15					P10 货	

6. 调机一台，各项作业时间标准（min）见表 3-20：

表 3-20　作业时间标准表

作业项目	时间标准	作业项目	时间标准
到　达	35	卸　车	60
出　发	25	装　车	120
解　体	30	取送车（不分地点）	40
无调中转列车作业	40	双重作业调移	20
编　组	30（区段列车） 35（摘挂列车）	机车整备及交接班 （19:00—20:00）	40

7. 要求：在表 3-21 中落实乙站 18:00—24:00 出发列车的编组内容及车流来源。

表 3-21 列车出发计划表

\multicolumn{4}{c}{列车出发计划}
方向	车次	出发时刻	编组内容及车流来源
甲方向	22112	18:10	
	22114	20:15	
	44162	21:50	
	22116	22:10	
	22118	23:30	
	33302	0:05	
丙方向	22119	18:55	
	22121	20:35	
	33001	21:20	
	22123	22:45	
	44141	23:45	

二、乙站平面示意图、作业时间标准见第一题，始发列车编组辆数：区段列车 55 辆、摘挂列车可少于 55 辆；另有关情况见表 3-22：

表 3-22 相关情况表

\multicolumn{3}{c}{结存车}	\multicolumn{3}{c}{装卸排任务}
13 道	\multicolumn{2}{l}{乙/C15（待送货场）}	卸 车	\multicolumn{2}{l}{60}
			排 空	\multicolumn{2}{l}{33133 次挂空 C/20}
货场	\multicolumn{2}{l}{丙/P5（18:30 可装好），空 P/10}	装 车	\multicolumn{2}{l}{甲/C20，乙—甲/P5，丙/P5N5，乙—丙/P10（均为货场装）}
\multicolumn{3}{c}{到达作业车（均为货场卸）}	\multicolumn{3}{c}{始发列车车流（中转车）推定}
车 次	到达时刻	车 数	车 次	出发时刻	中转车流
44133	18:30	C5	33131	21:25	丙/50
33051	21:45	C10N5	33133	0:40	丙/35
44131	0:25	P10	44101	3:25	乙—丙/35
33053	3:15	C10	33135	6:00	丙/60
33136	20:45	C10	44132	18:35	甲—乙/50
44104	0:00	P5	33052	23:15	甲/55
33140	4:55	C20	33054	5:00	甲/45

要求：编制乙站 18:01—6:00 的装卸车计划填入表 3-23 中。

表 3-23 装卸车计划表

卸车计划					装车计划				
卸车地点	车种车数	车辆来源	卸后用途		装车地点	车种车数	车辆来源	装车去向	挂运车次
				货场					
卸车合计					装车合计				

三、已知：列车到达计划、出发计划及装卸车数见表 3-24、表 3-25、表 3-26（18 点结存车中：分子为作业车数，分母为中转车数）：

表 3-24 列车到达计划表

方向	车次	到达时刻	编组内容					
			甲	乙—甲	丙	乙—丙	丁	乙站卸	空车
	18 点结存		0/20	0/50	0/20	15/0	0/55	15/0	15/0
甲方向	44133	18:30			30	5		5	
	33051	21:35			40			15	
	22109	22:10					55		
	44131	0:25			20	25		10	
	22111	1:30					55		
	33053	3:15			35	10		10	
	22113	4:05					55		
丙方向	22110	19:45	55						
	33136	20:45	35	10				10	
	22112	23:35	55						
	44104	0:00	5	10				5	
	22114	1:25	55						
	33138	2:15	30	25					
	22116	3:15	55						
	33140	4:55	35					20	

表 3-25　列车出发计划表

方向	车次	出发时刻	编组内容及车流来源
丙方向	22107	18:20	原列丁/55
	33131	21:15	中丙/50，装丙/5
	22109	23:00	原列丁/55
	33133	0:40	中丙/35，卸空/C20
	22111	2:30	原列丁/55
	44101	3:25	中乙—丙/30，装乙—丙/25
	22113	5:10	原列丁/55
	33135	6:00	中丙/55
甲方向	44132	18:35	中乙—甲/50
	22110	20:55	原列甲/55
	33052	23:15	中甲/55
	22112	0:45	原列甲/55
	22114	2:10	原列甲/55
	22116	4:10	原列甲/55
	33054	5:00	中甲/35，装甲/20

要求：在表 3-26 中推算乙站 18:01—6:00 预计完成的中停时。

表 3-26　班计划中、停时推算表

推算中停时指标

时间	计划中时 到达	计划中时 发出	计划中时 结存	计划停时 到达	计划停时 发出	计划停时 结存
18 点结存						
18:01—19:00						
19:01—20:00						
20:01—21:00						
21:01—22:00						
22:01—23:00						
23:01—0:00						
0:01—1:00						
1:01—2:00						
2:01—3:00						
3:01—4:00						
4:01—5:00						
5:01—6:00						
合　计						

中停时计算	装车数	卸车数	中转车数	车小时	中时	作业次数	车小时	停时
	45	60						

四、已知：

1. 计划到达列车及编组内容如下：

44161 次：丙/30，乙—丙/10，乙/P5C5（货）；

44142 次：甲/30，乙—甲/15，乙/P10（货）；

33004 次：甲/35，乙—甲/10，乙/C10（货）；

2. 计划出发列车及车流来源如下：

33007 次：站存丙/20，44161 丙/30，装丙/5；

3. 阶段计划安排的调机货场取送车任务如下：

20:30—21:10 送 13 道待卸的 P15 到货场卸车，取回货场装完的丙/5 和乙—丙/5；

23:25—0:05 送 13 道待卸的 C15、P15 到货场卸车，并将货场已卸完的 P15 调移至装车货位装车（装甲/10，乙—甲/5）；

4. 20:00 结存车及调机作业安排如图 3-9 所示，其他条件同第一题。

要求：按规定填记乙站技术作业表（部分）。

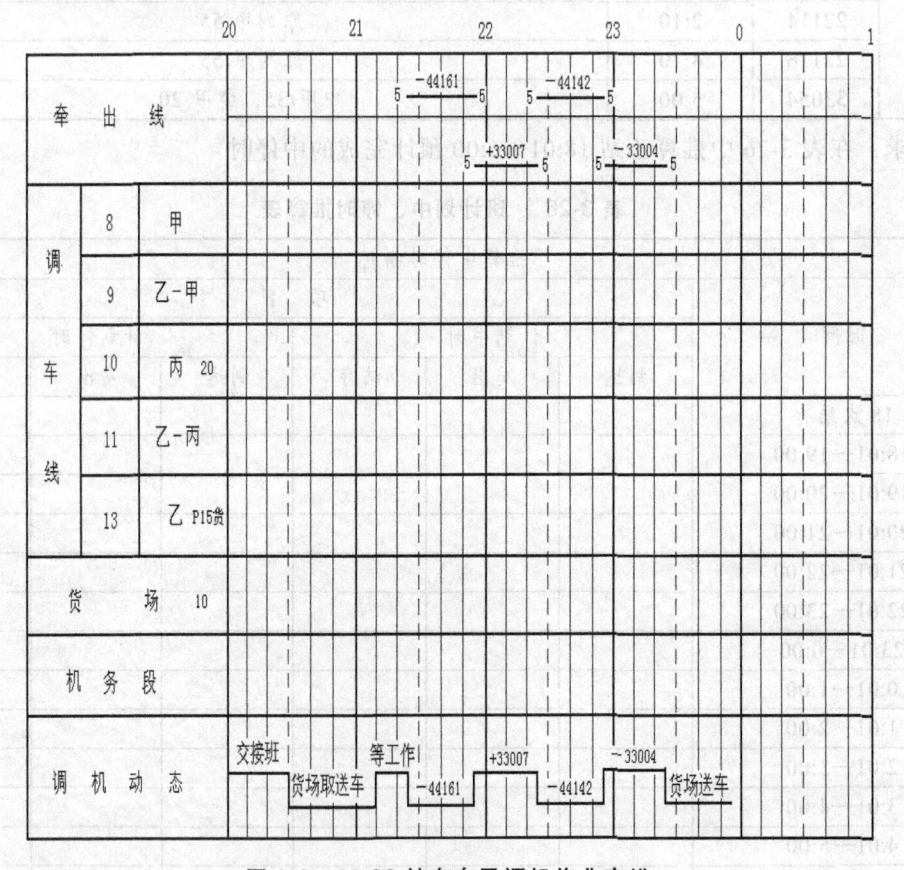

图 3-9　20:00 结存车及调机作业安排

五、已知：

1. 乙站衔接方向及平面示意图同第一题，线路固定使用方案见表 3-27：

表 3-27 线路固定使用方案

股 道	容车数	固定用途	股 道	容车数	固定用途
1，Ⅱ，3	65	上下行客货列车到发	10	70	空车、丙及其以远
4	65	上下行货物列车到发	11	70	乙—丙
5		机车走行	12	65	特种车
6，7	70	上下行货物列车到发	13	60	本站卸车
8	75	甲及其以远	14	30	站 修
9	75	乙—甲	Ⅰ牵	60	Ⅰ调解编

2. 18点结存车情况如下：

4 道：22112 次 甲/55

8 道：甲/15

9 道：乙—甲/25

10 道：丙/30，空/C15

11 道：乙—丙/35

13 道：P10（货物线卸，待送）

货物线：甲/P5，乙—甲/P5，丙/P5，空 C/10

机务段线：空 C/5

3. 调机一台，在Ⅰ牵作业，各项作业时间标准（min）见表 3-28：

表 3-28 作业时间标准

作业项目	时间标准	作业项目	时间标准
到 达	35	卸 车	60
出 发	25	装 车	120
解 体	30	取 送	40
编 组	30（区段列车） 35（摘挂列车）	机车整备及交接班 （20:00—21:00）	30
无调中转列车作业	40	吃饭（在 0:00 前后）	30

4. 到达列车确报见表 3-29：

表 3-29 到达列车确报

方向	车次	到达时刻	编组内容
甲方向	22119	18:05	丁/55
	22121	19:50	丁/55
	33305	20:50	丙/25，乙—丙/15，乙/C15（货场）
	22123	21:40	丁/55
丙方向	33006	18:35	甲/25，乙—甲/20，乙/C10（货场）
	22114	19:35	甲/55
	22116	21:10	甲/55
	22118	22:40	甲/55
	44144	23:40	甲/30，乙—甲/15，乙/P10（货场）

5. 班计划中的列车出发计划见表 3-30:

表 3-30 列车出发计划

方向	车次	出发时刻	编组内容及车流来源
甲方向	22112	18:10	原列甲/55
	22114	20:15	原列甲/55
	44162	21:50	站存乙—甲/30, 33006 乙—甲/20
	22116	22:10	原列甲/55
	22118	23:30	原列甲/55
	33302	0:05	站存甲/20, 33006 甲/25, 站装甲/10
丙方向	22119	18:55	原列丁/55
	22121	20:35	原列丁/55
	33001	21:20	站存丙/35, 站存空 C/20
	22123	22:45	原列丁/55
	44141	23:45	存乙—丙/35, 33305 乙—丙/10, 卸空/P10

6. 0:00 前装卸车计划见表 3-31:

表 3-31 0:00 前装卸车计划

卸车计划				装车计划				
卸车地点	车种车数	车辆来源	卸后用途	装车地点	车种车数	车辆来源	装车去向	挂运车次
货场	P10	存	44141 排空	货场	C10	站存空	甲	33302
	C15	33305 到达						
	C10	33006 到达	卸后装					

7. 要求: 编制乙站 18:01—24:00 的阶段计划。

六、假设调机在待编车列的右侧作业, 编成的列车由到发线 7 道向左出发, 待编车列停在 10 道, 8、9 道可借用。试用表格调车法编制编组 40104 次的调车作业计划 (按站顺编组)。

1. $1_4 3_7 2_1 1_2 1_4 3_6 2_8 5_9 1_5 1_{\circ}$

2. $3_2 2_1 1_3 3_2 5_3 2_1 3_2 4_{1 \circ}$

3. $1_2 4_1 3_1 6_2 5_3 2_3 4_2 6_1 1_4 7_1$ (三五二合并)。

第四章 调车工作

调车工作是铁路运输过程的重要组成部分，也是车站行车工作的一项重要而复杂的内容，特别是对技术站来说，更是其日常运输生产的重要活动。从整个运输过程来看，车辆消耗在车站的停留时间，在车辆周转时间中占相当大的比重，而货车在一次周转过程中，一般要进行 5~6 次调车作业。因此，调车工作质量的好坏、效率的高低，不仅对完成车站的装卸任务，缩短车辆停留时间，加速车辆周转有很大影响，同时对实现列车编组计划、列车运行图和运输方案，也有着直接的关系。车站能否按时接发列车、完成各种生产计划指标，在很大程度上取决于调车工作组织和调车作业的水平。

第一节 调车工作概述

一、调车工作的定义

除列车在车站到达、出发、通过及在区间内的运行外，机车车辆所进行的一切有目的的移动，统称为调车。

二、调车工作的分类

调车工作按其所使用的固定设备不同，可分为牵出线调车和驼峰调车两种；按其作业目的不同则可分为：

（1）解体调车：将到达的车列按重车的到站或空车的车种分解到调车场指定线路内的作业。

（2）编组调车：根据列车编组计划、列车运行图、有关规章制度和特殊要求，将车辆选编成车列或车组的作业。

（3）取送调车：为装卸货物、车辆检修和洗刷消毒等作业目的，将调车线上待送的车辆送到指定地点或从指定地点将作业完毕的车辆取回对应调车线的作业。

（4）摘挂调车：从列车中摘下车辆或将车辆挂入列车中的作业。

（5）其他调车：包括车列转线、整理车场、对货位、机车转线、机车出入段等作业。

车站由于作业性质不同，完成各种调车工作的比重也不一样。例如，编组站必须进行大量的解体调车和编组调车，区段站要进行少量的解体调车和编组调车，而中间站一般只进行摘挂调车和取送调车。

三、调车区的划分

在配有两台及以上调车机车的车站，为了合理有效地使用调车机车，充分发挥每台调车机车的能力，应根据运输生产的需要将车站划分成数个调车区，每一调车区有固定的调车机车和调车组，当越区作业时，须取得对方调车区的同意。

调车场划分调车区的方法有：

1. 横向划分调车区

从调车场的中间或指定地点，用垂直线将调车场划分为左右两个调车区，两个调车区之间设立不少于 20 m 的安全区，作为彼此隔开的安全措施。作业时，两端调车机车推送或连挂车辆，均不得侵入安全区。

2. 纵向划分调车区

按列车编组计划规定的编组列车到达站的多少以及每支车流的大小，以调车场的线束或股道数的多少划分为两个调车区。纵向划区时，在本区管辖的线路上可以进行溜放、推送和连挂。

纵向划分调车区的优点是便于掌握调车线的使用，避免同一线路两端同时作业而产生的不安全因素；缺点是对于线路少、车流方向多的车站，可能会造成线路不足，增加重复改编作业。适用于调车线较多的车站。

横向划分调车区的优缺点与纵向划分调车区相反，适用于调车线较长、数量较少的车站。

四、调车机车的分工

（一）调车场两端调车机车的分工方式

（1）一端解体、一端编组，或一端以解体为主，一端以编组为主。

适用于调车场一端设有驼峰，另一端设有牵出线的车站。由驼峰负责解体，牵出线负责编组，可以充分发挥驼峰和牵出线设备的效能。

（2）每一端负责固定解编一个方向的列车。

适用于调车场两端均设有简易驼峰的横列式车站，调车场两端均为牵出线、而两个方向的改编作业量又大致相等的车站。其优点是可以充分利用调车设备，均衡两端调车机车负担，减少重复作业，便于采用解编结合的调车方法。

（3）以一端调车机车为主，另一端调车机车为辅。

解编作业基本上由主调车机车担当，另一端调车机负责车辆取送、车组摘挂作业，必要时协助主调车机车进行解编作业。适用于解编作业量不大的车站。

（二）调车场同端调车机车的分工方式

当在调车场的某一端，具有一条以上的牵出线或驼峰推送线，配属一台以上的调车机车，共同担负调车场一端的解编工作时，为使各台调车机车平行作业、互不干扰，调车场同端的调车机车的作业也应进行分工，分工方式有以下两种：

1. 固定作业区域

这种分工方式是将每台调车机车固定在一条牵出线或驼峰推送线上，专门担负一定方向的列车解体或编组工作。这种方式有利于建立良好的作业秩序，作业计划组织比较简单。但是，当各方向解编任务不够均衡或车流波动较大时，难免会产生调车机车忙闲不均、作业不够协调、调车机车能力不能充分利用等情况。

2. 不固定作业区域

这种分工方式是不固定每台调车机车占用的牵出线或驼峰推送线，由调车领导人根据作业计划的要求，考虑各台调车机车的作业进度，灵活掌握、机动分配每台调车机车的作业区域和所担负的任务。这种方式只要运用得当，就能够克服前一种方式的缺陷，更好地发挥调车机车的生产效能。但是，它也给调车作业增加了复杂性，要求调车工作领导人具备较高的计划组织水平和调车组人员具有比较全面熟练的工作技能。

五、调车场线路的固定使用

调车场线路的主要用途：一是按照列车编组计划的规定，用于集结和编组车列（车组）；二是存放本站货物作业车、场间交换车、扣修车、倒装车和装载特种货物或超限货物的车辆等。

用于集结和编组的线路，尽可能按照列车编组计划的规定，每编组一个到达站的列车或车流方向，应固定使用一条调车线。若可供使用的线路数少于规定的编组列车到达站数时，应首先满足主要车流单独集结的需要，对其余车流量较小的到达站方向，可合并使用一条线路。

用于存放其他车辆的线路，应在保证调车安全、不大量产生重复作业和严重交叉干扰的条件下，尽量做到一线多用。

调车场内各条线路的有效长度和平纵断面等条件不尽相同，在具体固定每条调车线的用途时，一般应考虑以下条件：

（1）适应车流量大小的需要。

车流量大的编组去向固定长线，车流量小的则固定短线，并尽量选择容车数大于该去向列车编组辆数的线路，以减少整理车场的调车作业。

（2）均衡牵出线的作业负担。

例如，当调车场尾部具有两条编组用的牵出线时，将车流量大的几个编组去向分散固定在衔接不同牵出线的调车线上，以均衡两条牵出线的作业负担。

（3）减少调车作业的干扰。

例如，对于横列车式车站，应把车流量大的编组去向固定在靠近出发场的调车线上；交换车固定停放在接近邻区的线路上；集结同一去向的两条调车线和合编分组列车的线路，固定在同一线束的相邻线路上。

（4）照顾车辆的溜行性能。

对空车和难行车比重较大的编组去向，应尽可能固定在易行线上；对易行车比重较大的编组去向，应固定在难行线上，以平衡车辆溜行阻力，提高解体调车的效率。

（5）便于车辆检修和其他作业。

例如，站修线应固定在线间距较宽、靠近调车场外侧的线路上；停留装载特种货物及超限货物的车辆，应固定在偏僻且有利于保安的线路上。

总之，调车场线路的固定使用与车流性质、车流大小、线路的条件等有着密切的关系。因此，车站应根据列车编组计划的要求及具体条件确定调车线固定使用方案，并纳入《站细》。

六、制动工作

在调车工作中，为了保证前后两组车之间必要的间隔，以及使车组停在指定的地点，均需对有关车辆施行制动，前者为间隔制动，后者为目的制动。

我国铁路调车工作中采用的制动工具有人力制动机、铁鞋、减速器、减速顶等。

（一）人力制动机制动

人力制动机制动即制动员利用人力控制车辆上的人力制动机，通过制动装置的杠杆作用，使闸瓦与车轮踏面之间摩擦而产生制动力，阻止车轮的滚动，从而达到制动车辆的目的。

在制动力一定的前提条件下，车组溜放速度越高、车组重量越大，则制动距离越长。在溜放速度和车组重量一定的情况下，为了缩短制动距离，提高调车作业效率，可选择制动力较强的人力制动机进行制动。

（二）铁鞋制动

铁鞋制动的原理是将特制的铁鞋放在溜行车组前进方向的钢轨上，向前滚动的车轮压上铁鞋后，原来轮轨之间的滚动摩擦变为铁鞋底部与钢轨之间的滑动摩擦。据测定，滑动摩擦系数比滚动摩擦系数大十几倍，铁鞋制动正是利用变滚动摩擦为滑动摩擦的原理，增大摩擦力，使溜行车组尽快减速或停车。

铁鞋制动的主要工具有铁鞋、铁鞋叉子。铁鞋的构造及外形如图4-1所示。

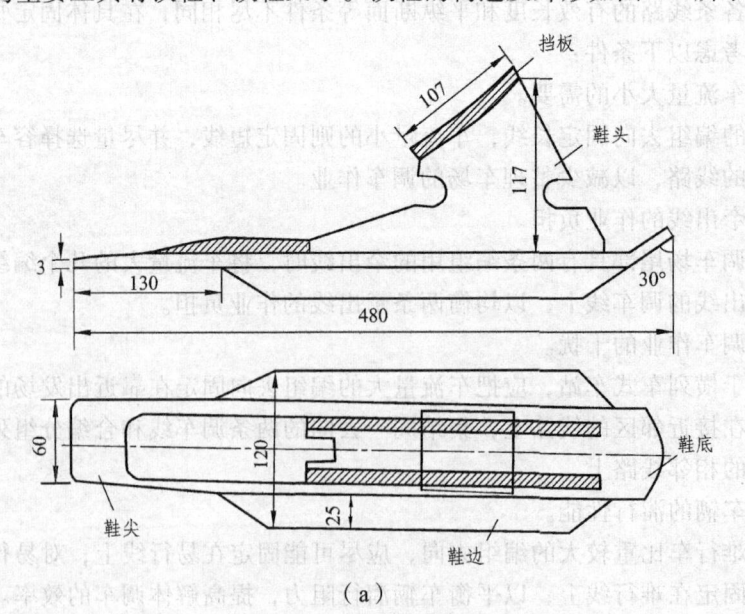

(a)

（b）

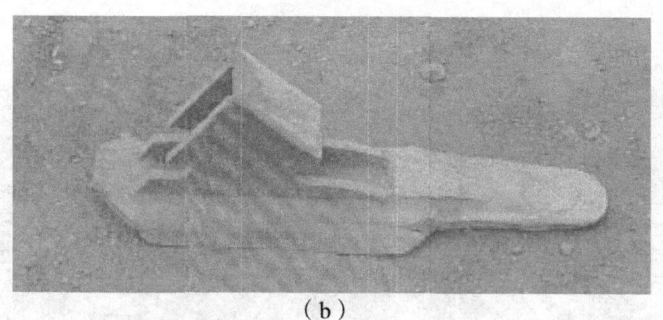

图 4-1　铁鞋构造示意图

提高铁鞋制动效率的主要途径有：
（1）增大铁鞋底部与钢轨顶面的摩擦系数。
例如，在雨雪雾霜天气和轨面有油污时，可在轨面上撒沙。
（2）选择轴重大的车辆下铁鞋。
对两辆及以上的溜行车组，可选择载重大的重车下铁鞋。
（3）多下铁鞋。
通常铁鞋应放在同一辆车的前后两个转向架之间，俗称"大挡下鞋"。当溜行车组车速较快，需要较大制动力时，除"大挡下鞋"外，也可将铁鞋下在前车的后转向架与后车的前转向架之间，俗称"小挡下鞋"，达到多下铁鞋增加制动力的目的。

（三）减速器制动

车辆减速器是驼峰调车的主要调速设备。按其对车辆产生制动力的动作原理，主要分为非重力式和重力式两种类型。图 4-2、图 4-3 均为重力式减速器。

图 4-2　驼峰减速器（一）

图 4-3　驼峰减速器（二）

重力式减速器只有"制动"和"缓解"两个操作按钮，制动力的大小主要依靠车辆自身的重量进行自动调整，车辆越重制动力越大，车辆越轻则制动力越小。在作业中，驼峰作业员只能利用控制制动时间的长短来调节制动能力的大小。

非重力式减速器是以压缩空气为动力，使制动夹板对车轮产生侧压力，从而对车辆施行制动达到减速的目的。制动力的大小可根据车辆的重量和速度，由不同的气压等级进行调整，与被制动的车辆的重量无关。在作业中，驼峰作业员可根据需要操纵制动按钮，通过变更制动等级和掌握制动时间的长短来调节制动力的大小。

（四）减速顶制动

减速顶是一种自动控制车辆溜行速度的调速工具，安装在调车场线路钢轨一侧，如图 4-4 所示。

图 4-4　减速顶构造示意图

根据减速顶的设置位置及要求不同，可以调整减速顶的临界速度，当车辆溜行速度低于减速顶调定的临界速度时，减速顶对车辆基本不起减速作用；当车辆溜行速度高于减速顶调定的临界速度时，减速顶对车辆则起减速作用。

第二节 牵出线调车

牵出线调车也叫平面调车，是最基本的调车作业方式。目前，牵出线仍是我国铁路大多数技术站的主要调车设备之一，即使在采用了驼峰调车设备的车站，驼峰调车场尾部的编组作业、车列的转线、车辆的取送和摘挂等，也仍然是在牵出线上进行的。因此，在全路的调车工作中，牵出线调车占有相当大的比重。

一、牵出线调车的基本因素

（一）调车钩

调车钩是指机车完成连挂、摘解或溜放车辆等调车工作的基本单位，我国铁路车站编制的调车作业计划就是以调车钩为单位，按其先后顺序排列的。通常调车钩的多少表示调车工作量的大小，而完成某一调车钩所需的时分简称"钩分"，平均钩分则表示了调车效率的高低，平均钩分越小，调车效率越高。

调车钩按其性质不同主要分为挂车钩和摘车钩两种：

（1）挂车钩：指机车（或挂有车组，下同）驶往线路内连挂车辆后，牵出至开始进行下一项作业的地点的调车钩。

（2）摘车钩：指机车将车组摘解到指定线路内并返回至开始进行下一项作业的地点的调车钩。

摘车钩按其采用的作业方法不同，又可分为推送钩和溜放钩两种。

推送钩是机车将车组推送到线路内预定地点停车后进行摘车，而溜放钩则是机车推送车组达到一定的速度即摘车，摘下的车组利用所获得的初速度自行溜至预定地点。

（二）调车程

调车机车不变更运行方向的一次调车移动称为调车程，挂有车辆的调车程称为重程，单机完成的调车程称为空程。

调车程按其行程的长短还可分为短调车程和长调车程两种。调车程的长短是衡量调车工作效率的基本因素，一般情况下，调车行程越长，机车消耗的燃料和时间越多，调车工作效率越低。因此，调车工作组织的主要任务是在保证安全的基础上，尽量减少调车钩数，缩短调车行程，压缩平均钩分，努力提高调车工作效率。

二、牵出线调车作业的方法

牵出线调车按操作技术不同可分为推送调车法和溜放调车法两种。

（一）推送调车法

使用调车机车将车辆送至指定地点停车后，再提开车钩摘车的调车作业方法，称为推送调车法，如图4-5所示。

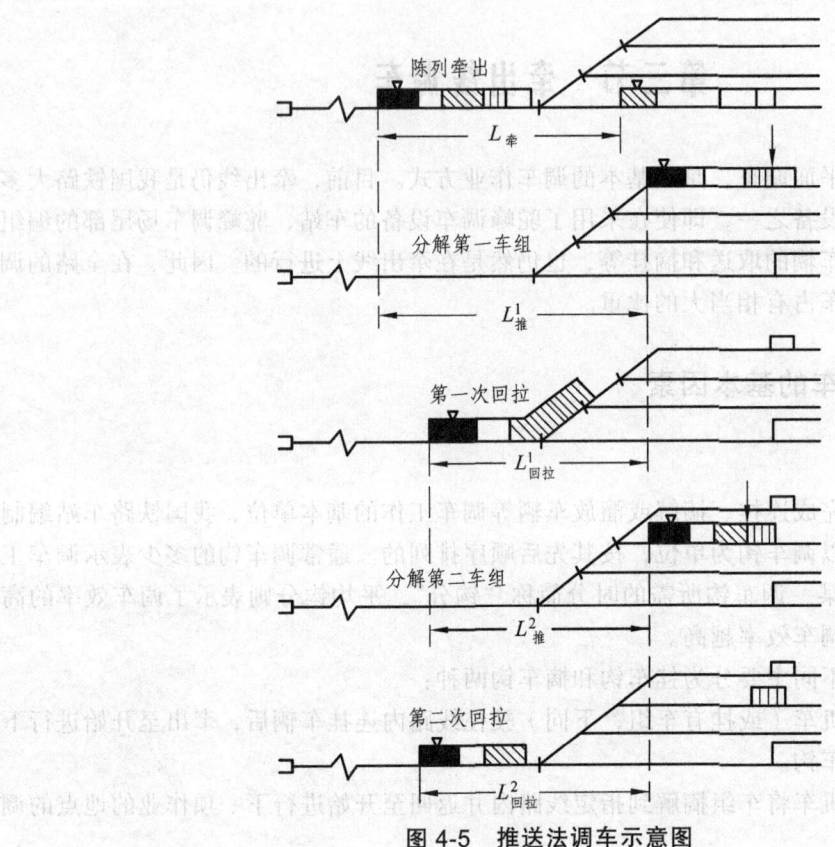

图4-5 推送法调车示意图

推送调车法的基本作业过程为挂车、牵出、推进和摘车。

分解车列时，司机按照调车长的信号，将车列牵出至牵出线或分歧道岔外方，然后变更运行方向，将车列推送至指定地点停车，由调车人员摘下第一个车组；调车司机按照调车长的信号指示，变更机车运行方向，牵引车列至开始进行下一项作业的地点，然后变更运行方向，将车列推送至指定地点停车，由调车人员摘下第二个车组；并用同样的方法，依次分解之后的车组。

采用推送调车法作业时，车辆在移动过程中始终和机车连挂在一起，直到车列停妥后再摘车，技术简单，作业安全。但是每分解一组车辆需用两个长调车程来完成，消耗时间多，作业效率低。因此，推送调车法只有在不允许溜放调车或不具备溜放调车条件时才采用。

（二）溜放调车法

利用机车推送车列达到一定的速度后，司机根据调车长的信号指示减速，调车员在行进中提钩，被摘下的车组利用所获得的动能自行溜放到指定地点的调车方法称为溜放调车法。

按其操作技术不同，溜放调车法又分为单钩溜放、连续溜放、多组溜放法等。

1. 单钩溜放法（单组溜放）

调车机车推送车列加、减速一次溜出一个车组，待该车组越过分歧道岔不妨碍后续车组进路，要通进路后再溜放下一车组的方法称为单钩溜放调车法，如图 4-6 所示。

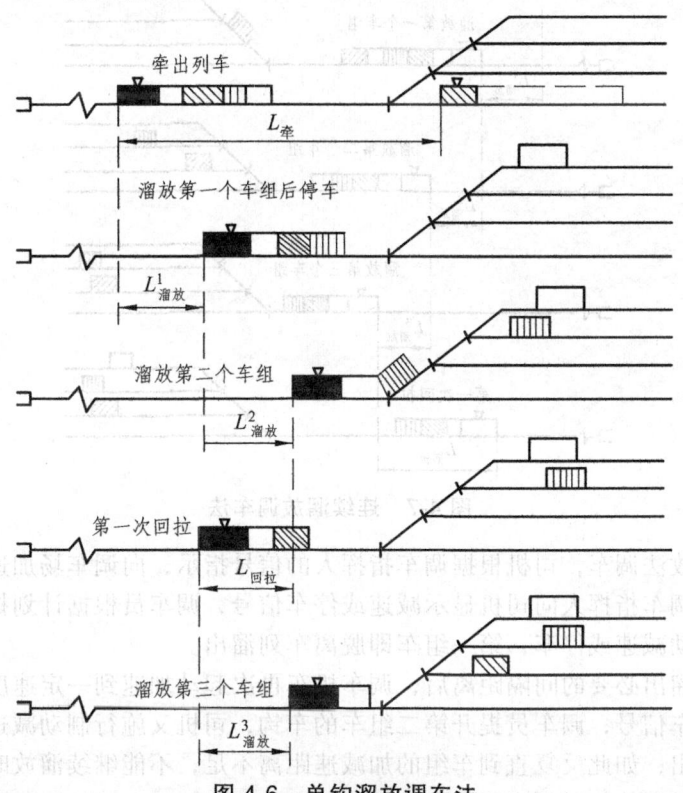

图 4-6　单钩溜放调车法

采用单钩溜放法分解车列时，调车机车将车列向牵出线方向牵出，至分歧道岔外方有足以溜放一组车辆的距离时停车，然后，司机根据调车指挥人的信号指示，向调车场方向加速推进。当车列加速到一定速度时，调车指挥人显示减速或停车信号，调车员将计划溜出车组的车钩提开，机车减速停车，被摘开的车组即向指定线路溜行。此时，制动员根据需要对溜出的车组进行人力制动机制动或铁鞋制动。

为了溜放下一车组，调车机车需将车列向牵出线回拉或停轮等待，在溜出车组越过影响下一车组溜放进路的警冲标内方，开通进路后，再溜放下一车组。

单钩溜放法摘解一个车组的调车行程比较短，故其调车效率一般比推送法提高 30%～50%，但每溜出一组车就需要停轮或向牵出线回拉，所以调车效率仍受到限制。

这种方法主要适用于牵出线长度过短的车站或车场，以及受调车组人数、技术水平、车列组成等条件限制，不能采用其他溜放法时采用。

2. 连续溜放法

调车车列加减速一次、溜出一组车后，调车车列不进行回拉，继续进行不变更方向的加速、减速，每次加速减速即溜出一个车组，这种连续溜放几个车组才向牵出线回拉一次的方法称为连续溜放调车法，如图 4-7 所示。

图 4-7 连续溜放调车法

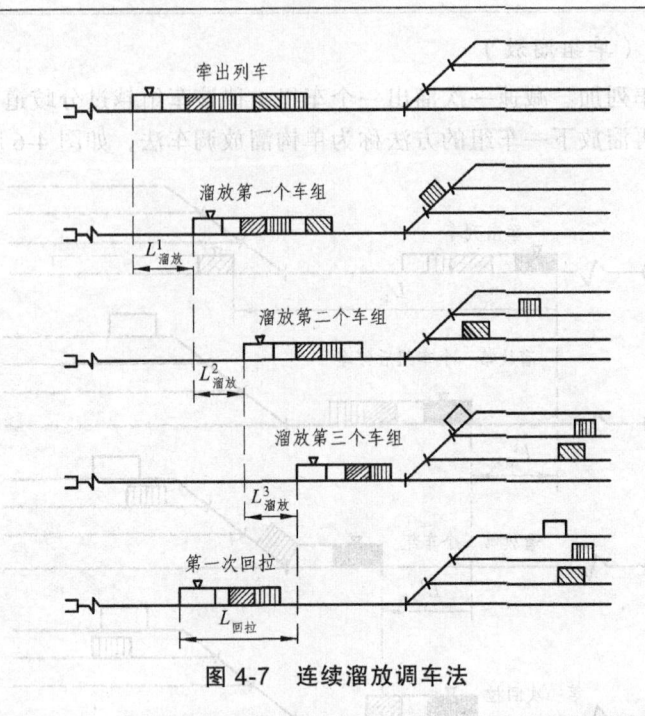

采用连续溜放法调车，司机根据调车指挥人的信号指示，向调车场加速推进，当车列达到必要速度时，调车指挥人向司机显示减速或停车信号，调车员根据计划提开第一组车的车钩，司机施行制动减速或停车，第一组车即脱离车列溜出。

当第一组车溜出必要的间隔距离后，调车机车再次起动加速到一定速度时，调车指挥人即显示减速或停车信号，调车员提开第二组车的车钩，司机又施行制动减速或停车，第二组车即脱离车列溜出，如此反复直到车组的加减速距离不足，不能继续溜放时，调车指挥人才指示机车向牵出线回拉，以便进行下一批的连续溜放。

连续溜放法分解一个车组的调车行程比单组溜放法更短，而且大大减少了回拉次数和停轮的时间，平均钩分小，调车效率比单钩溜放法一般会提高 50%～100%。

3. 多组溜放法

调车车列一次加速减速即溜出几个相邻的车组，溜出的各车组由制动员利用人力制动机进行调速，使车组间拉开间隔，符合安全扳道的条件后扳动道岔，使各车组分别溜入各自指定线路的方法，称为多组溜放法，如图 4-8 所示。

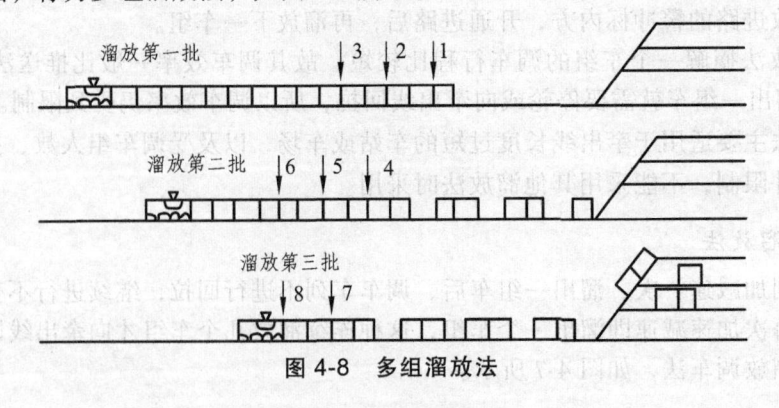

图 4-8 多组溜放法

采用多组溜放，每加减速一次可溜出 2～3 个车组，作业效率较连续溜放法可提高 40%～60%。但多组溜放需要靠制动员控制人力制动机调整车组间的技术间隔，劳动强度大，需要制动员的人数多，而且技术要求高，需要制动员有过硬的基本功。

三、车组溜行的间隔

采用溜放调车法进行调车时，溜行车组之间的间隔是保证溜放调车作业安全、提高调车作业效率的重要条件。若车组间隔过大，则影响效率；若间隔过小，则不能保证道岔的安全转换，可能造成后行车组溜入错误线路，甚至危及安全。

根据安全扳道的条件，前后两组车溜经分歧道岔时应间隔的最小距离为 $L_{间}$，如图 4-9 所示。

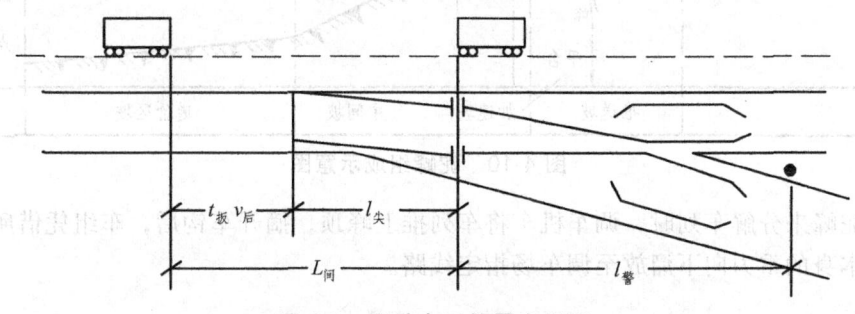

图 4-9　溜放车组的最小间隔

$$L_{间} = t_{扳} v_{后} + l_{尖} \text{（m）}$$

式中　$t_{扳}$——转换道岔所需的时间，s；

$v_{后}$——后行车组的溜行速度，m/s；

$l_{尖}$——道岔尖轨的长度，m。

当后行车组的溜行速度高于前行车组溜行速度时，则 $L_{间}$ 不仅要保证安全转换道岔的需要，而且还要防止后行车组在分歧道岔警冲标外方追上前行车组发生侧面冲突。因此，假设道岔尖轨后跟至警冲标的距离为 $l_{警}$，则前后车组间的最小间隔应满足：

$$\frac{L_{间} + l_{警}}{v_{后}} = \frac{l_{警}}{v_{前}}$$

$$L_{间} = l_{警} \left(\frac{v_{后}}{v_{前}} - 1 \right) \text{（m）}$$

第三节　驼峰调车

一、驼峰调车的基本原理

驼峰是利用车辆的重力和驼峰的势能（高度），辅以机车推力来分解车列的一种调车设备。驼峰的组成如图 4-10 所示。

图 4-10 驼峰组成示意图

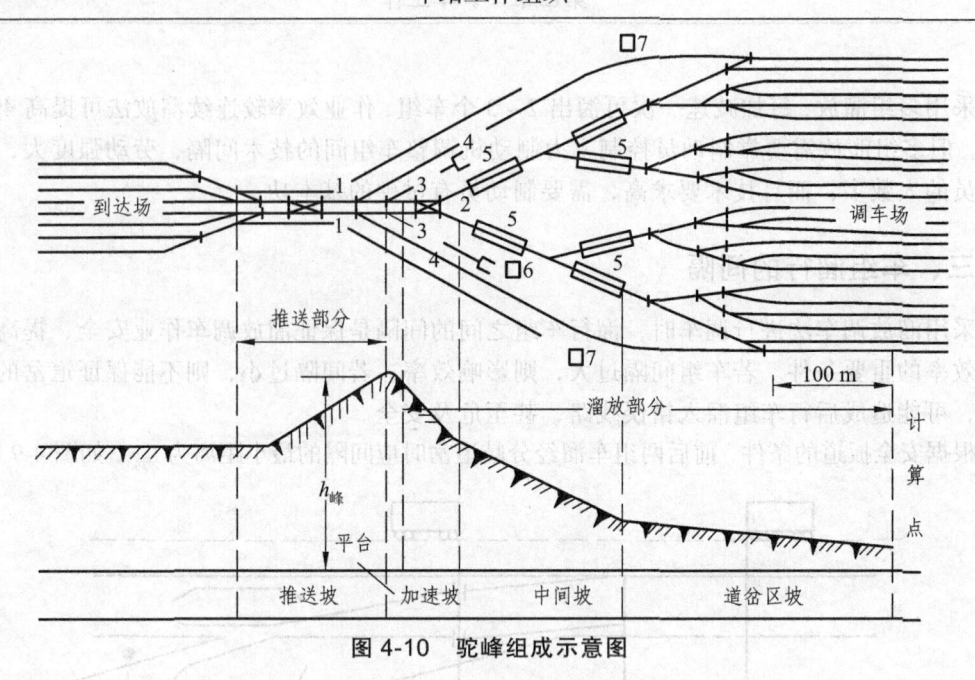

利用驼峰来分解车列时，调车机车将车列推上峰顶，摘开车钩后，车组凭借所获得的势能和车辆本身的重力向下溜放至调车场指定线路。

二、驼峰调车的作业程序

驼峰解体车列时，一般都要经过挂车（牵出）、推峰、溜放和整场等作业过程。

1. 挂车（牵出）

驼峰机车从峰顶或从等待作业的地点按调车作业计划驶至到达线连挂待解车列，在到达场与调车场并列布置的车站，还需将车列牵出至峰前牵出线。

2. 推 峰

驼峰机车根据驼峰信号机的显示，将车列推送至峰顶驼峰主体信号机前准备解体。在采用双推单溜作业方案时，还包括将车列预推至驼峰信号机前等待。

3. 溜 放

按照驼峰色灯信号机的显示要求，进行定速、变速推峰，对车列进行解体，使被摘解的车组脱钩，依靠车辆本身的重力自行溜向调车场内指定的线路。有时还包括向峰顶禁溜车暂存线取送禁溜车的作业。

4. 整 场

驼峰分解一个（或几个）车列后，机车将禁止溜放的车辆从峰顶禁溜车暂存线上取出，通过迂回线送至峰下指定调车线，并在调车线内进行整理作业，消除停留车组之间的"天窗"，推送某些线路上的"堵门车"，为驼峰分解下一车列打好基础。

采用双推双溜作业方案时还有交换转场车的作业。

三、推峰速度

驼峰溜放调车时，机车推峰主要是将车列推送至峰顶，同时还应使所有车组都能溜入线路警冲标内方指定地点，即车组从峰上溜入各指定停车地点的总能量主要是驼峰峰高所形成的势能，另外还有少量是推峰速度给予车组的动能。

若推峰速度过大，车组溜行时的速度过高，会增加车组溜行过程中的制动困难，可能在指定地点无法停住而与原停留车组发生冲撞或溜过线路另一端的警冲标；若推峰速度过小，则车组可能无法溜进指定线路而在警冲标外方停下，或溜行距离不够，不能溜入线路内指定地点停车，造成车组"堵门"或车组间的"天窗"过大。因此，推峰速度的大小影响着驼峰调车作业的安全和效率。

（一）影响推峰速度的因素

（1）车辆的走行性能。

车辆的走行性能取决于车辆走行部分各部件的状态及油润情况，还取决于车种、车型、载重、气候条件及线路状况等，根据溜行阻力的大小可将溜行的车辆分为易行车和难行车。

易行车是指惰力大、运行阻力小、相同条件下溜行速度较快的车辆，如装载油、钢、煤、粮等重质货物的车辆。

难行车是指惰力小、运行阻力大、相同条件下溜行速度较慢的车辆，如空车及装载轻浮货物的车辆。

（2）溜入线路的阻力。

在车组的溜行过程中，道岔和曲线都将对其溜行产生额外的附加阻力，根据线路阻力的大小，可将调车线分为难行线和易行线。

难行线是指车组由驼峰峰顶溜往指定线路的过程中，经过的道岔较多、曲线的总转向角较大，即附加阻力较大的线路。反之，易行线是经过道岔较少、曲线的总转向角较小，即附加阻力较小的线路。

（3）溜行车组的大小。

根据车组辆数的多少，可将溜行车组分为大、中、小车组，7辆及其以上为大车组，4~6辆为中车组，1~3辆为小车组。

由于大车组内的车辆互相牵制、互相阻碍产生很大的阻力，车组加速缓慢，因此，一般规律是小车组溜行快，大车组溜行慢。

（4）气温、风向和风力。

低温轴油凝固或逆风时，车组溜行的阻力显著增加；而高温或顺风时阻力小，甚至起加速作用。

（5）车组的溜行距离。

在上述条件相同的情况下，溜行车组从峰顶到车组预定停车地点的溜行距离越长，车组为了克服阻力所消耗的能量也就越大，需要的推峰速度也越高。

此外，车组在车列中的排列顺序、相邻车组共同溜行的距离、峰下制动员的作业条件等，也对确定推峰速度有一定影响。

（二）调节推峰速度的方法

调车机车的推峰速度应保证难行车能溜入难行线的警冲标内方，并保证易行车进入车辆减速器的速度不超过规定的减速器安全入口速度（21~23 km/h），同时还应保证车组进入线路内不超过规定的最大允许上鞋速度（18 km/h）。

1. 简易驼峰调节推峰速度的方法

简易驼峰调车场的头部大多采用复式梯线布置，峰高较低，溜放部分一般不设置减速器，难、易行线的阻力相差较大，相同的推峰速度难以保证各种车组溜行的实际需要，因此，多采用定速与变速推峰相结合、以变速推峰为主的方法。

（1）定速推峰（前后两组车的推峰速度相同）。

对车组大小和走行性能基本相同的连续几个车组，如溜入线路的阻力相差不大，一般可以定速推峰。

当遇难行车溜入易行线，易行车溜入难行线，或前后车组共同溜行距离较短时，也可采用定速推峰。

（2）变速推峰（前后两组车的推峰速度不同）。

当车组排列顺序为前难后易且前远后近时，应提高前行车组的推峰速度，并降低后行车组的推峰速度；当车组排列顺序为前易后难且前近后远时，则应以较低的速度溜出前行车组后暂停推峰，增大前后车组的峰顶间隔，然后再以较高速度溜出后行车组。

2. 机械化驼峰调节推峰速度的方法

机械化驼峰调车场的头部一般采用对称线束布置，峰高较高，峰下溜放部分一般设有车辆减速器，难、易行线阻力相差不大，相同的推峰速度基本能保证各种车组溜行的实际需要，因此，基本上可以采用 5 km/h 的速度定速推峰。一般只在下列情况时，才采用变速推峰的方法：

（1）位于小车组后面的长大车组，对长大车组应提高推峰速度，以缩短车组间隔，提高作业效率；反之，位于大车组后面的小车组应降低推峰速度，以加大车组间隔，防止追尾。

（2）遇车组排列顺序为前易后难、前近后远时，变速推峰的方法与简易驼峰相同。

四、提钩工作

驼峰分解车列时，摘离车组的重心一旦进入加速坡，该车组即脱离车列向峰下溜去。

车组开始脱离车列的地点叫脱钩点。车组未到脱钩点之前，车钩呈压缩状态，易于提开车钩；车组一旦越过脱钩点，车钩即呈拉伸状态，不易提开。

车组脱钩点的一般规律是：小车组在越峰 1/2 左右，大车组在越峰 1/3 左右脱钩。当大车组前重后空时，脱钩点将提前；反之，则推后。

因此，提钩必须在脱钩点以前适当时机进行，不可过早也不可过晚。提钩过早，可能会因车列震动而使钩销回落，或遇有紧急情况需要暂停作业时，对已提开钩的车组无法控制而影响安全；提钩过晚，车组越过脱钩点，会造成由于提不开车钩需要回拉车列（俗称"钓鱼"），影响作业效率。

五、驼峰作业方案

按照驼峰设备条件和配备的调车机车台数的不同,驼峰作业组织有不同的方式。驼峰作业方案主要有以下三种:

(一)单推单溜方案

具有一条推送线和一条溜放线,使用一台驼峰机车工作,并由驼峰机车担当整场的方案,称为单推单溜方案。

该方案的特点是驼峰机车没有等待时间,按照驼峰解体列车的四个程序不间断地工作,但是驼峰被占用的间隔时间较长,解体能力较小。

(二)双推单溜方案

具有两条推送线和一条溜放线,使用两台驼峰机车工作,并由驼峰机车担当整场的方案,称为双推单溜方案。

该方案的特点是由于具有两条推送线,两台机车可以流水循环作业。虽然驼峰调车机车有一段等待解体时间,但驼峰被占用的间隔时间较短,能大大提高驼峰利用率。因此,我国主要编组站的机械化驼峰大多采用该方案。

(三)双推双溜方案

具有两条及以上推送线、两条溜放线以及相应数量的调车线的驼峰,使用3台及以上调车机车工作的方案,称为双推双溜方案。

该方案特点是两台驼峰机车可以完全平行作业,避免互相干扰等待,可以提高驼峰设备和调车机车的使用率;另外,由于调车场按方向固定线路使用,两个驼峰分别解体上、下行列车,缩短了占用驼峰的时间,提高了驼峰的解体能力。但是,当车站衔接的方向较多时,两个作业区域之间难免会产生大量的交换车,大大增加重复分解的调车作业。因此,我国铁路主要编组站有的虽然具有两条推送线和两条溜放线,但很少采用双推双溜的作业方案。

第四节 中间站调车

一、中间站车流组织

中间站车流是指在中间站进行装卸作业的重空车流,也称为区段管内车流。中间站车流组织的原则,是在加强货源组织的基础上,最大限度地组织直达、成组输送,以加速车流输送速度,减轻技术站作业负担。

中间站车流的输送方式主要有以下几种:

1. 开行普通摘挂列车

普通摘挂列车是目前输送中间站车流广泛采用的一种方式,这种方式的优点是可以直接为区段内各中间站输送货物作业车,及时办理中间站车辆的甩挂、取送和对货位的调车作业。但是这种方式一般是利用牵引摘挂列车的本务机车担当各中间站的调车作业,不仅不能发挥本务机车的功率,而且由于列车在各中间站的停站时间长,对货物列车的平均旅行速度和区间通过能力的影响较大。

2. 开行重点摘挂列车配合调度机车（或调车机车）

重点摘挂列车是指在区段内指定的几个中间站进行摘挂作业的列车,一般指定停车的中间站应配备有调车机车或调度机车。重点摘挂列车摘下的车辆,由调度机车或调车机车送往本站或邻站的货物作业地点,货物作业地点作业完了的待挂车辆也由调度机车或调车机车取回,并按要求预先编成车组,等待重点摘挂列车挂走。

这种方式是减少摘挂列车停站作业次数,缩短作业时间,提高旅行速度,加速区段管内货物输送的有效办法。但是这种方式将会增加中间站调机的配备台数和调机往返于各中间站的次数,对区间通过能力的影响也较大。

3. 开行分段作业的摘挂列车

当区段内同方向每天开行两列摘挂列车时,可以组织两列摘挂列车分段进行作业,使第一列摘挂列车在区段内前半段的中间站上停站作业,第二列摘挂列车在后半段的中间站上停站作业。

这种方式能减少摘挂列车停站作业的站数,加速摘挂列车运行和加速区段管内车流的输送,是目前开行两对摘挂列车的区段广泛采用的方式。

除上述三种输送方式外,还有开行小运转列车、管内分组列车等方式。除个别中间站的车流需由装车地直达列车或区段小运转列车输送外,大多数中间站的车流需要由摘挂列车输送,几乎每个区段都要开行摘挂列车。摘挂列车具有作业站次多、停站时间长、旅行速度及列车等级低等特点,研究摘挂列车作业组织,压缩在站作业停留时间,对于提高区间通过能力、加速机车车辆周转具有十分重要的意义。

二、摘挂列车的作业过程

摘挂列车在中间站主要进行车辆的摘挂作业,其作业程序一般如下:

（1）作业联系。

列车到达前,车站值班员应及时向列车调度员了解摘挂列车在本站的甩挂计划和作业时间要求。

（2）作业准备。

车站值班员根据上一作业站发来的摘车确报和本站待挂车的情况,编制摘挂列车调车作业计划,填写调车作业通知单,并向参加调车作业的有关人员传达。车站货运员检查待挂车辆的装卸作业情况,准备货运单据送交行车室。调车有关人员根据调车作业计划,提前出动至接车线,指挥列车停于适当地点。

（3）调车作业。

列车停妥,调车指挥人向司机传达调车作业计划后立即按要求开始进行调车作业。

（4）车辆及货运单据交接。

调车作业完毕,与司机交接车辆及货运单据,修改列车编组顺序表,检查所挂车辆技术状态、编挂位置是否符合规定,向下一作业站进行摘车确报。

（5）准备发车及发车。

车站确认发车条件完备后，按规定程序发车。

三、摘挂列车调车作业计划的编制

1. 编制依据

（1）列车调度员下达的摘挂车计划，包括：摘车数、挂车数、列车预计到达时间及作业要求。

（2）上一作业站发来的摘车确报，包括：摘车数、车种、吨位、品名、收货人、车辆编挂位置。

（3）车站线路占用情况，待挂车数量及停留位置。

（4）装卸劳力、机具、作业进度和货位使用情况等。

2. 编制要求

调车作业计划应做到确保安全、切实可行，并力求钩数少、行程短、调动辆数少、作业方便。

3. 编制方法

未配备调车机车、由摘挂列车的本务机车担当调车任务的中间站，必须使用附有本站线路示意图的调车作业通知单（见图4-11）编制、布置和传达调车作业计划。

调车作业通知单（乙种）　第　号

第41744次列车　18时05分起　18时40分止

顺序	经由	线别	车数		记事
			挂	摘	
1		5			单机
2		7	2		
3		5	5		
4		7		4	对货位
5		5	5		
6		7		5	对货位
7		5			连结

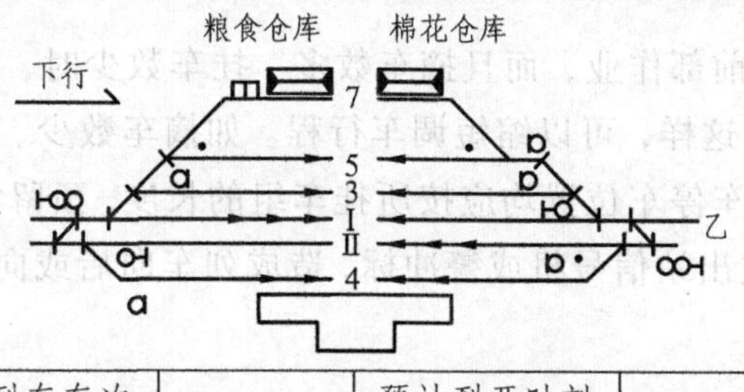

旅客列车车次		预计到开时刻	
调车领导人		值班干部签字	

图4-11　B站调车作业通知单

【例 4-1】 B 站是位于甲 - 乙区段内的一个中间站，7 道停有装往甲站的待挂重车 2 辆，41744 次列车在 B 站计划甩空车 9 辆，其中 4 辆空敞车装棉花，5 辆空棚车装粮食。上一作业站传来的 41744 次列车的编组内容为：

| 本务机车 | 甲/整零 1 | 空 C/4 | 空 P/5 | 甲/20 |

试编制 41744 次利用列车本务机车进行调车的作业计划。

解：根据 B 站线路的固定使用规定、摘下空车的送装地点、待挂重车的停留位置，应将 41744 次接入靠近货物线的 5 道。列车到达后，单机去 7 道连挂装往甲站的 2 辆重车，然后返回 5 道挂出 5 辆，将其中 4 辆空敞车送至 7 道装棉花的货位上，再返回 5 道挂 5 辆空棚车送往 7 道装粮食的货位上，最后返回 5 道连挂本列，即可试风发车。

调车作业计划如图 4-11 所示。

四、加速摘挂列车作业的方法

为了加速摘挂列车在中间站的作业，在作业组织上主要可采取以下方法：

1. **选择调车行程短、作业方便的接车线和停车位置**

（1）上下行摘挂列车均应接入靠近货物线的股道，这样可以减少调车作业与接发列车进路的干扰，缩短调车行程。

（2）当摘挂列车编组辆数较少时（见图 4-12），如将上下行摘挂列车接入靠近货物线的 3 道，使基本车组停于不影响摘挂调车的位置，则可以大大缩短调车行程。

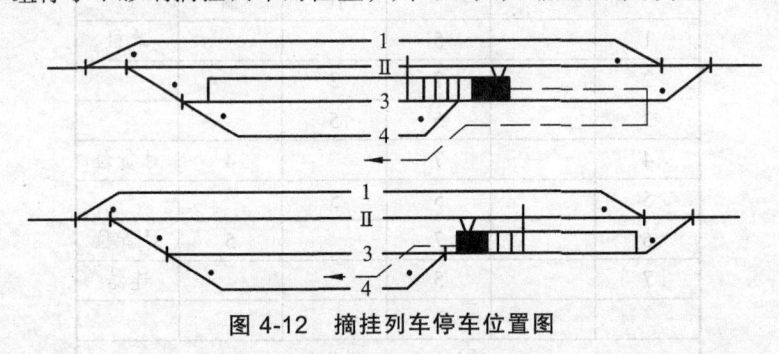

图 4-12 摘挂列车停车位置图

（3）当摘挂列车在前部作业，而且摘车数多、挂车数少时，则应停于接车线末端警冲标或出站信号机内方。这样，可以缩短调车行程。如摘车数少、挂车数多时，不论在列车前部还是后部作业，列车停车位置均应按所挂车组的长度，预留相应的距离。否则挂车后，列车前部或后部将越过出站信号机或警冲标，造成列车向后或向前移动后才能发车，延长作业时间。

2. **组织两列摘挂列车机车互换作业**

如图 4-13 所示，41001 次列车尾部摘车 3 辆，送 4 道卸；41002 次在 4 道挂车 3 辆，挂于列车尾部。如组织它们互换作业，由 41001 次的本务机车负责为 41002 次挂车，由 41002 次的本务机车为 41001 次摘车，即可避免本列车的机车由前部掉头至尾部的作业干扰和减少走行距离，从而能大大压缩作业时间。

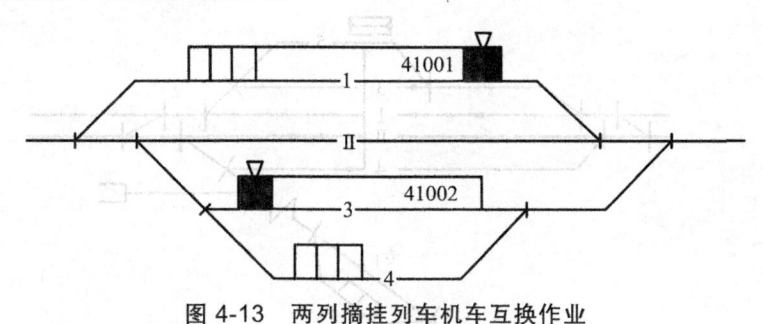

图 4-13　两列摘挂列车机车互换作业

3. 组织车站调车机车与本务机车配合作业

在配备有调车机车的中间站，可让调车机车事先准备好待挂车组在邻线等候，摘挂列车到达后，组织本务机车负责在前部摘车，调车机车在尾部挂车，对摘下的车组，由调车机车负责分送至货物作业地点。

4. 减少带车数，避免越出站界调车

带车数多、调车车列太长，如果又没有调车牵出线可利用，调车作业时就有可能越出站界进入区间，而越出站界调车需要办理相关手续，势必延长作业时间。

5. 组织不摘车装卸作业、压缩货车停站时间

不摘车装卸作业是指利用摘挂列车在中间站停站的时间内，车辆进行装卸作业后，仍随原列车挂走继续运行的作业方法。

按《铁路货车统计规则》的规定，进行不摘车装卸作业的货车不计算在站停留时间，只计算作业次数，因此，这种方法是压缩中间站货车停留时间的有效措施，如果在到发线上进行装卸作业时，还能减少调车作业，节省调车时间和费用。但是不摘车作业可能延长摘挂列车在站停留时间，列车调度员应权衡利弊，全面考虑列车运行情况后再做决定，不能因组织不摘车装卸作业而打乱列车运行秩序，影响机车交路或造成机车乘务组超劳。

技能训练

一、在溜放调车中，前行车组溜过分歧道岔尖轨时速度为 3 m/s，此时后行车组与前行车组相距 20 m，速度为 4.2 m/s，假定扳岔时间为 2 s，尖轨长度为 6.25 m，$L_警$ 为 45 m。计算两车组间是否保证了足够的溜放间隔？

二、中间站 E 站在乙—丙区段的位置及线路示意图如图 4-14 所示：

图 4-14 乙—丙区段线路示意图

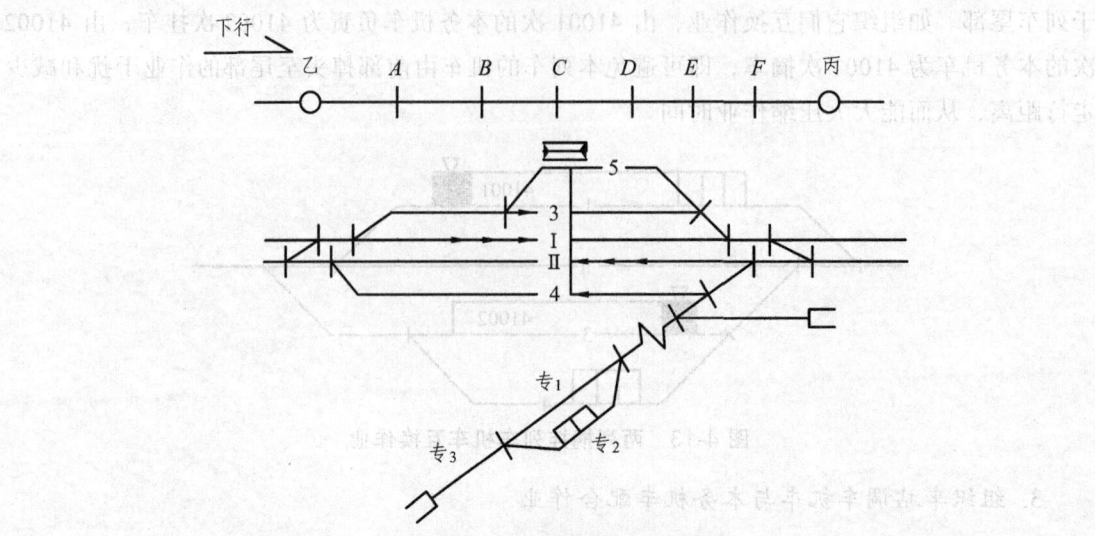

41003 次预报在 E 站甩重车 6 辆，挂空罐车 2 辆。卸车股道分工：整零 5 道仓库卸，圆木 5 道外卸，汽油专$_1$卸，机油专$_2$卸。现在车分布：专$_2$有空罐车 2 辆，其他股道空闲。

41003 次摘挂列车编组顺序如下：

丙及其以远/30	E/1（汽油）	E/1（机油）	E/2（圆木）	E/2（整零）	本务机车

试编制 41003 次利用本务机车进行调车作业的计划。

第五章　车站统计工作

车站的运输工作应按计划进行，并根据具体情况对计划进行调整，在工作结束后还应对已完成的工作进行分析，查找存在的问题，为下一步的计划和工作调整提供依据，而分析则应在统计的基础上进行。因此，车站统计工作是反映和考核车站工作完成的实绩，作为组织运输生产、分析改进工作和加强经营管理的依据，也是铁路局和全路运输工作统计的基础。统计人员必须严格按《铁路货车统计规则》（以下简称《统规》）的有关规定，认真细致地工作，确保统计数字的及时、准确和完整。

车站统计工作主要包括：现在车统计、装卸车统计和货车停留时间统计等内容。

统计工作中的各种报表，均以北京时间为标准，采用 18 点结算制，即自昨日 18:01 起至当日 18:00 止 24 小时为统计报告日。各种报表通过网络传输，逐级上报。

第一节　现在车统计

现在车统计是反映车站、铁路局管内以及合资、地方铁路内每日 18 点货车的现有数及其运用情况，作为日常调度指挥、编制运输工作计划、调整运力配置以及经营管理的依据。

一、现在车的分类方法

（一）按产权所属分

按产权所属货车可为部属铁路货车、企业自备货车及内用货车、外国铁路货车。

1. 部属铁路货车

部属铁路货车指属中国铁路总公司资产，涂有铁路路徽，按中国铁路总公司统一规定涂打车型标记、编号的货车。其中，部属非提速货车是指转向架不适应 120 km/h 运行速度要求的部属货车。

2. 企业自备货车

企业自备货车指属企业（包括国家铁路运输企业、合资铁路、地方铁路及其下属企业）资产并取得"企业自备货车经国家铁路过轨运输许可证"（以下简称"过轨运输许可证"）和一次性过轨的货车。

其确定方法：取得"过轨许可证"的货车的车号左起第一位为 0，第二位为非 0，车体标明"×××自备车"、到站"×××站"、没有铁路路徽；一次性过轨的货车的车号左起第一、第二位均为 0、没有铁路路徽。

军方特殊用途货车（车体标明客车基本记号者除外）比照企业自备车办理。

3. 内用货车

内用货车指属企业（包括合资、地方铁路及其下属企业）资产但未取得"过轨运输许可证"，仅在本企业内承担社会运输任务的货车。

内用货车比照企业自备货车进行统计。

4. 外国铁路货车

外国铁路货车指属国外资产的铁路货车。

（二）按运用状况分

货车按其运用状况可为运用车和非运用车两种。

二、运用车

运用车是指参加铁路营业运输的部属铁路货车、企业自备货车、外国铁路货车，内用货车、企业租用、军方特殊用途重车。

运用车按其重空状态又可分为重车和空车两种。

（一）重　车

符合以下条件的运用车应按重车统计：

（1）实际装有货物并具有货票的货车；

（2）卸车作业未完的货车；

（3）倒装作业未卸完的货车；

（4）以"特殊货车及运送用具回送清单"（见表 5-1）手续装载整车回送铁路货车用具（部属篷布、空集装箱及军用备品等）的货车；

关于特殊货车及运送用具回送清单，《铁路货物运输管理规则》规定：特殊货车及运送用具回送清单（简称"回送清单"）是铁路内部根据规定运送下列铁路所属的货车或用具（产权属中国铁路总公司）的运输及交接凭证：

① 按规定免费挂运的非运用车；

② 卸（送）空罐车（润滑油专用空罐车应凭收货人提出的货物运单填制货票免费回送）、散装粮食车、散装水泥车、长大货物车、运梁专用车、加冰冷藏车、毒品专用车、集装箱专用车；

③ 向指定站回送需要洗刷除污的货车；

④ 铁路空集装箱；

⑤ 运营用衡器；

⑥ 按规定以调度命令免费运送的装卸机械和工具；

⑦ 军用移动设备（军用备品）、军用移动站台和装卸备品、军用捆绑加固材料（装置）；

⑧ 货车篷布及根据调度命令调拨、送修及修好返回的防湿篷布；

⑨ 中国铁路总公司规定免费回送的其他物品。

（5）填制货票的游车。

表 5-1 特殊货车及运送用具回送清单

发　　站	到　站（局）	经　由
车种车号	铅封数	回送命令号码
回送之货车或运送用具		附　　注
种　类　　号　码　　数　量		
		发站日期戳　发站负责人签字
		到站日期戳　到站负责人签字

（二）空　车

符合以下条件的运用车应按空车统计：
（1）实际空闲的货车；
（2）装车作业未完的货车；
（3）倒装作业未装完的货车；
（4）运用状态下的机械冷藏车的工作车。

三、非运用车

非运用车是指不参加铁路营业运输的部属货车（包括租出空车）、企业自备内用检修车和在专用线、专用铁路内的已获得"过轨运输许可证"的企业自备货车、在站装卸作业的企业自备空车、在本企业内的内用空车、军方特殊用途空车以及部属特种用途车。

非运用车包括：备用车、检修车、代客货车、路用车、洗罐车、整备罐车、租出空车、在企业内的企业自备货车及军方特殊用途空车九种。

（一）备用车

备用车是指为了保证完成临时紧急运输任务的需要而储备的技术状态良好的部属空货车。

1. 备用车的分类

备用车可分为:

(1) 特殊备用车;

(2) 军用备用车;

(3) 专用货车备用车:包括罐车、冷藏车、集装箱车、矿石车、长大货物车、毒品专用车、家畜车、散装水泥车、散装粮食车、小汽车运输专用车和涂有"专用车"字样的一般货车;

(4) 国境、港口站备用车。

2. 备用车备用和解除的规定

运用车转入备用或备用车解除备用,均须经中国铁路总公司备用车命令批准。

(1) 备用车的备用和解除时间:

根据中国铁路总公司、铁路局当日调度命令批准,经备用基地检车员检查后,由车站调度员或值班员填写"运用车转变记录(运统6)"(见表5-2)并签字的时分起算。

表 5-2 运用车转变记录(运统6)

由_____车 转入_____车 部令第_____号局令第_____号

车 种	车 号	车 种	车 号	记 事

车站签字_____ 使用单位签字_____ 车辆段签字_____

签字时分____月____日____时____分

(2) 货车转入备用的时分不得早于:

① 车站收到调度命令的时分;

② 作业车:卸车完了的时分;

③ 到达空车:列车到达技检完了的时分。

(3) 备用车解除时分不得迟于:

① 排空时:规定列车开始技检的时分;

② 装车时:调入装车地点的时分。

违反规定动用备用车时,必须调整运用车数和货车停留时间。

3. 备用车备满时间要求

特殊备用车须备满 48 h，其他备用车须备满 24 h，才能解除备用。

备用时间不满或无令动用时，自备用时起按运用车统计（因紧急任务需要，经中国铁路总公司批准解除时，不受此项限制）。

4. 备用车停放规定

备用车必须停放在铁路局批准的备用基地内，港口、国境站备用车必须停放在指定的港口、国境站。凡未停放在指定地点的均不准统计为备用车。

确定和变更备用车基地站名和基地的最大容车量时，须由铁路局批准，以铁路局文件公布并报中国铁路总公司备案。备用基地不是随便确定的，必须有检车和存放条件，文件下发前应经车辆处会签。

备用车在不同基地间不得转移，根据命令在同一备用基地内转移时，备用时间不连续计算，原存放站及新存放站均需备满规定时间。

5. 不准将重车、租用空车列入备用车

（二）检修车

定检到期或过期而扣下修理、摘车临修、事故破损、等待报废和回送检修等的部属铁路货车、企业自备货车，根据车辆部门填发的"车辆检修通知单（车统 23）"（见表 5-3）或"检修车回送单（车统 26）"（见表 5-4）统计为检修车。

表 5-3 车辆检修通知单

```
              车辆检修通知单（车统 23）    第   号
                     年    月    日
车次____车辆停留在____场____线
（1）车种_____        （2）车号_____
（3）轴数_____        （4）载重_____    （5）空重别_____
（6）重车之装车站及局别_____
（7）前回定检年月日及处所

        | 厂修 | 段修 | 辅修 | 轴检 |
        |      |      |      |      |

（8）主要损坏部分_____
（9）修程_____        （10）需要倒装否_____
（11）拨往何处修理_____
      填发检车员_____签章
      车站值班员签字时间____月____日____时
      车站值班员_____签章
      拨到检修线时间____月____日____时
      收车人_____签章
```

表 5-4　检修车回送单

```
              检修车回送单　（车统26）　第　　号
车种＿＿＿车号＿＿＿轴数＿＿＿
发送局及站＿＿＿＿＿＿＿＿＿＿＿＿＿＿＿＿＿＿＿＿＿
到达局及站（车辆段或工厂所在站）＿＿＿＿＿＿＿＿＿＿
经由分界站名＿＿＿＿车辆应挂在列车中部或尾部＿＿＿＿
前回检修年月日处所及修程＿＿＿＿＿＿＿＿＿＿＿＿＿＿
不良部位＿＿＿＿＿＿＿＿＿＿＿＿＿＿＿＿＿＿＿＿＿＿
填发日期　　　　　　　　　　年　月　日　时　分
                            车辆段印　段长＿＿＿签字
车辆到达工厂或车辆段所在站的时间　年　月　日　时　分
                                  车站值班员＿＿＿签字
车辆送到检修线的时间　　　　年　月　日　时　分
                                   收车人＿＿＿签字
```

修竣的车辆由车辆段或车辆工厂填发"检修车辆竣工验收移交记录（车统33并车统36）"（见表5-5）作为修竣的依据，车站在"检修车辆竣工验收移交记录"上签字时起转入运用车。

表 5-5　检修车辆竣工验收移交记录

检修车辆竣工验收移交记录（车统33并车统36）
＿＿＿＿＿＿（单位名称）　　　　　　　　第＿＿＿号

以下＿＿＿＿修程的车辆已检修竣工，并经铁道部（铁路局）驻＿＿＿＿厂（公司、段）车辆验收室验收，确认技术状态合格，可交付使用。兹将下列检修竣工车辆由＿＿＿＿＿＿（单位名称）移交给＿＿＿＿＿＿局＿＿＿＿＿＿站。

顺号	车种车型	车号	更改项目	加改项目	加价项目	减价项目	配属局段	指定到达局名及站名	备注

本页小计：＿＿＿辆

＿＿＿＿＿（单位名称）代表盖章：（产品验收专用章）　日期：　年　月　日

铁道部（铁路局）驻＿＿＿＿＿（单位名称）车辆验收室代表盖章：
　　　　　　　　　　　　　　　　　　　　　　　日期：　年　月　日

接收人＿＿＿＿局＿＿＿＿站代表盖章：
　　　　　　　　　　　　　　　　　　　日期：　年　月　日　分

客货车配属局（段）代表盖章：　　　　　日期：　年　月　日

（1）在铁路营业线上的外国铁路货车在运行过程中临时发生故障而摘车临修时，按检修车统计。

（2）机械冷藏列车中的车辆或机械发生故障需要扣留时，应全组填发"车辆检修通知单"，按检修车统计。修竣后，对未修理的车辆，在"检修车辆竣工验收移交记录（车统 33 并车统 36）"（见表 5-5）上注明"撤销"字样。

（3）整备罐车超过整备规定时间（6 h）继续整备时，从超过时起按检修车统计。

（三）代客货车

代客货车是指根据中国铁路总公司命令用以运送人员、行李及包裹的货车。

车站接到命令后，由车站和检车人员在"运用车转变记录"上签字时起转入"代客"，使用完了（指卸空，包括备品）时，填制"运用车转变记录"转回运用车。

代客空车根据调度命令以客运车次回送时，按代客统计；以货运车次回送时，按挂运凭证（回送清单、调度命令等）实际统计，无挂运凭证按运用车统计。

"代客货车"装载货物填制货票时，自代客或回送到达时起按运用车统计。

行包专列专用货车，不论重、空均按代客货车统计，单独列示。

（四）路用车

路用车是指中国铁路总公司批准作为铁路各单位运送非营业运输物资或用于特殊用途的货车。

路用车分为特种用途车和其他路用车。

特种用途车是指因为路内特殊用途需要专门制造的不能装运货物的特殊车辆（包括试验车、发电车、轨道检查车、检衡车、除雪车等）。

上述车辆以外的路用车为其他路用车。

1. 路用车的统计依据

经中国铁路总公司批准的"路用车使用证明书"是统计路用车的依据，路用车挂运时须出具并随车携带《路用车使用证明书》，使用单位应按规定涂打路用车使用标记。

路用车只准在批准的使用期限、区段和用途的范围内使用，对违反使用规定的路用车，按运用车统计。

路用车装运货物并填制货票时，在重车状态下按运用车办理。

2. 路用车的转变时分

路用车的转变时分自使用单位收到车辆并在"运用车转变记录"上签字时起，至使用完了交回车辆并填制"运用车转变记录"转回运用车时止按路用车统计。

3. 防洪备料车的统计

防洪备料车是根据中国铁路总公司（铁路局）命令为汛期防洪抢险，指定储备一定数量防洪备料的重车，在重车储备停留状态下按路用车统计，其他状态按运用车统计。

(五) 洗罐车

洗罐车指为了进行清洗的良好罐车。罐车装车单位为保障装运货物的品质而在装车前对技术状态良好的罐车进行清洗。如，汽油、柴油和煤油均可使用轻油罐车，装车企业装运航空煤油时为了保证质量要对罐车进行清洗，有洗罐段清洗和企业清洗两种情况。

由洗罐单位填制"车辆装备单（车统24）"（见表5-6）送交车站签字时起计算为洗罐车；洗刷完了，由车站人员在"罐车洗刷交接记录单（车统89）"（见表5-7）上签字时起转回运用车；企业自备车发生洗罐时，洗罐单位一律填发"企业自备车装备单（车统24Q）"统计为洗罐车，洗刷完了填发"企业自备车洗刷交接记录单（车统89Q）"转回运用车。

表 5-6　车辆装备单

车辆装备单（车统24）

安装事项＿＿＿＿＿　　　　　第＿＿＿号
指定送往＿＿＿＿＿线

车种	车号	车辆所在地点

通知送入指定线　　　　　　月　日　时　分
实际送入　　　　　　　　　月　日　时　分
收到单据的车站值班员签字＿＿＿＿＿
检车员签字＿＿＿＿＿
编制人签字＿＿＿＿＿

表 5-7　罐车洗刷交接记录单

罐车洗刷交接记录单（车统89）

年　月　日　　　　第　号

车种	车号	专用种别	轴数	载重吨位	原装油名称	采取的洗罐方法	洗罐后指定装油名称	洗罐时分 入线 月 日 时分	洗罐时分 竣工 月 日 时分

上项罐车业经洗刷完了并经验收合格
交车人　　　洗罐站职名　　姓名　　签字
验车人部门　　　　职名　　姓名　　签字
车站值班员签收　　月　日　时　分　　签字

为进行检修而洗罐时，应列入检修车内。

由企业自行洗罐不能执行上述办法时，由铁路局规定平均洗罐时间（最长不能超过 4 h），自货车送入洗罐交接地点至规定时间止按洗罐车统计。

（六）整备罐车

整备罐车是指在指定地点进行技术整备的整列（成组）固定编组石油直达罐车。

在到达整备站时，按运用车统计；送入配属段整备线进行技术整备时，根据车辆部门填发的"车辆装备单"送交车站签字时起 6 h 内按整备罐车统计；超过 6 h 车辆部门应填发"车辆检修通知单"按检修车统计。

整备完了由车站在"检修车辆竣工验收移交记录"上签字时起转回运用车。

如固定编组的石油直达罐车更换车辆时，须由车辆部门及时通知车站。

（七）租出空车

租出空车包括：

（1）企业租用的部属货车空车；

（2）新造及由国外购置的货车在交付使用前的试运转空车；

（3）部队训练使用的部属货车：

① 使用停留车辆训练，按轴、按日核收使用费时，由交付使用至使用完了交回时止，按企业租用空车统计；

② 在训练期间随同列车挂运核收 80% 运费时，自列车出发时起至到达时止，对装运物资的货车按运用车统计，运送人员的棚车按"代客"统计；

③ 用铁路机车单独挂运核收机车使用费时，按企业租用空车统计。

出租车及退租车由车站与使用单位在"运用车转变记录"上签字时起转入企业租用车或转回运用车。

（八）在企业内的企业自备货车

在企业内的企业自备货车指在企业专用线、专用铁路内的已取得"过轨运输许可证"的该企业自备货车，包括没有（租用）专用线、专用铁路企业的回到过轨站的自备空车以及在车站进行装卸作业的自备空车。

在本企业内的内用空车在此项反映。

企业自备车运用与非运用转变时分的确定：对出入企业专用线、专用铁路的企业自备车，以将车辆送到交接地点时分为准；在站（包括过轨站）装卸作业的企业自备车，以装卸作业完了时分为准（到达过轨站、装卸作业站的空车自到达时分起转为非运用）。内用货车以装卸作业完了时分为准。

（九）军方特殊用途空车

军方特殊用途空车指军方用于军事运输等特殊用途的空货车（车体基本记号标明为客车的除外）。

四、现在车的掌握

为确保货车现有数统计的准确性,车站必须做好以下工作:

(1)车号员对到发列车必须严格执行"列车编组顺序表"、货运单据与现车核对制度。安装有车号自动识别系统的车站还应与 AEI 识别车辆进行核对,对车数、车种、车号、重或空、非运用种别、车辆使用属性等逐项核对,发现错误及时订正。

(2)统计人员应与站调、车站值班员、车辆段调度或列检值班员等有关人员建立相互核对现在车和检修车制度,并定时与铁路局统计人员逐列核对货车出入数,达到实际数与推定数一致。

(3)各技术站及较大厂、矿站必须建立"集中掌握、分场管理"或"到、发列车编组顺序表对号销"以及其他有效方法掌握现在车。

(4)对新购货车,车站、车辆段与工厂必须建立交接核对制度。

(5)对企业自备货车的掌握要严格按照"过轨运输许可证"核准的有效期限,建立企业自备车过轨台账,准确地加入或退出。对收回"过轨运输许可证"的车辆由过轨站和存放站根据中国铁路总公司电报核实现车后及时退出。

(6)对内用货车,接轨或交接车站与企业必须建立定期核对、内用货车与一次性过轨货车转换核对制度。

五、车站出入的货车

出入车站的货车数是统计车站现在车及计算货车停留时间的依据。

车站出入的货车分为随同列车出入的货车和不随同列车出入的货车两大类。

(一)随同列车(包括单机、轨道车,下同)出入的货车

(1)对分界站:指经分界站与邻局及国外相互交接的货车。

(2)对技术站:指在该站进行列车编解或有中转技术作业(指更换机车或换机车乘务员或进行列车车辆技术检查,下同)列车上的货车。

如列车运行图规定在该站有中转技术作业的列车临时变为通过或虽有停站时间但不进行中转技术作业时,不计算货车出入;但列车在枢纽地区临时变更发、到站所经过的编组站发生中转技术作业时,则计算货车出入;运行图未规定有中转技术作业的列车,虽有停站时间或临时停车,均不计算货车出入。

一个自然站划分为多个车场的,18点运输统计报告仍按一个车站统计上报;对场与场间因货车转场或取送作业开行的列车,均不计算货车出入。

(3)对中间站:指实际摘挂的货车以及始发、终到或停运列车上的货车,以及进行组合或拆组的重载(长大)列车上的货车。

中间站进行不摘车装卸作业的货车,不论是否摘挂,均统计货车出入。

① 停运列车:指列车未到达运行区段终止站,亦未到达整列货车装卸作业站而在中间站停运并摘走机车的列车(因自然灾害、事故等机车不能摘走,根据调度命令可视同机车摘走)。

② 中间站始发、终到的列车:不包括在中间站临时更换机车或变更车次继续运行的列车。

（4）随同列车出入的货车其出入时分的确定：

① 以列车实际出发、到达或通过时分为准；

② 列车发出站界后因故退回或列车在区间分部运行时：对摘下的车辆视为未发出；加挂车辆时，对加挂的车辆以挂车后再次发出时分为准；分部运行时对先到达前方站的车辆挂于其他列车发出时，该部分车辆以实际到达时分为准；如车辆分别拉向两端车站时，后方站到达的车辆以实际到达时分为准。

（二）不随同列车出入的货车及其出入时分的确定

不随同列车出入的货车包括新购货车、报废货车、拨交货车和企业自备货车四种。

1. 新购货车

由车站在"新造车辆竣工验收移交记录单（车统 13）"（见表 5-8）上签字时起加入。

表 5-8　新造车辆竣工验收移交记录

新造车辆竣工验收移交记录（车统 1 并车统 13）

_____（单位名称）　　　　　　　第_____号

根据_____合同，以下新造车辆已竣工，并经铁道部驻_____厂（公司）车辆验收室验收，确认技术状态合格，可交付使用。兹将下列新造竣工车辆由_____（单位名称）移交给_____局_____站。

顺号	车种车型	车号	加价项目	减价项目	配属局段	指定到达局名及站名	备注

本页小计：_____辆

_____厂（公司）代表盖章：（产品验收专用章）　　日期：　　年　　月　　日

铁道部驻_____厂（公司）车辆验收室代表盖章：　　日期：　　年　　月　　日

接收人：_____局_____站代表盖章：

客货车配属局（段）代表盖章：　　　　　　　　　　日期：　　年　　月　　日

2. 报废货车

根据中国铁路总公司批准的"货车报废记录单（车统 3）"（见表 5-9），车辆段接到报废车电报后须在当日 18 点前与车站核实现车并同时剔出，在剔出后 24 h 内涂打报废车标记，并组织在电报规定的期限内解体。

报废车未解体前，严禁编入列车越出站界。

表 5-9　货车报废记录单

货车报废记录单　（车统3）

```
┌─────────────────────────────────────────────┐
│         中国铁路总公司批准章                  │
│                                             │
│ 报废车记录                                   │
│ ____（车种、车号）____现停于____（站段工厂）____地点，│
│ 由于____（年月日地点发生事故或自然耗损）____ │
│ 1. 中梁_____ │
│ 2. 侧梁_____ │
│ 3. 端梁_____ │
│ 4. 枕梁_____ │
│ 5. 横梁_____ │
│ 6. 车体（如棚守车车体、罐体）_____ │
│ 7. 转向架（型号）_____ │
│ 8. 车钩及缓冲器（型号）_____ │
│ 9. 制动装置_____ │
│ 10. 其他_____ │
│         参加鉴定人员（单位、姓名）           │
│ _____  │
│   铁路局章      车辆段章      铁路工厂章     │
│ 铁路局审核意见_____  │
└─────────────────────────────────────────────┘
```

3. 拨交货车

根据中国铁路总公司命令拨交其他部门或由其他部门拨交铁路的货车，以双方在"车辆资产移交记录（车统70）"（见表5-10）上签字时起分别计算转出或转入。

表 5-10　车辆资产移交记录

车辆资产移交记录（车统70）　第　　号

于____年____月____日由车辆段段长_（姓名）_站长_（姓名）_企业代表_（姓名）_组成的委员会，根据铁道部____年____月____日____字____号命令编制本记录以便由铁道部车辆中转入_____的资产台账内。该车配属于_____局，车种____车号____轴数____载重量____吨轴距____公厘制动机型_____车钩型_____制造年度及厂名_____前次定期修理时间和修程_____（厂、段修）_____
车辆技术状态____（良或不良）____

委员会组成者
　　____车辆段段长____签字
　　____站　　站长____签字
　　领收的企业代表____签字

4. 企业自备货车

加入：

（1）新取得"过轨运输许可证"的：

由该企业自备车过轨车站根据"过轨运输许可证"和"车辆检修合格证明"、"检修车辆竣工验收移交记录"，核实现车并填制货票后加入；

（2）新出厂的：

自车站在"新造车辆竣工验收移交记录（车统1并车统13）"（见表5-10）上签字时起加入；

（3）一次性过轨的：

自车辆送到车站并填妥货票时起加入。

退出：

（1）"过轨运输许可证"到期交回注销的：

办理过轨车站、车辆存放车站根据中国铁路总公司定期公布的"不再参加国家铁路过轨运输的企业自备货车"，核实现车后退出；

（2）一次性过轨的：

自车辆到达货票记载车站时起退出。运行途中报废的企业自备货车由统计现在车的单位退出并电报通知自备车管理部门及办理过轨站销账。

5. 内用货车的加入、退出

新购内用货车（含一次性过轨后的货车）自到达本企业时起加入；自内用货车报废时起退出，已办理一次性过轨的货车自离开本企业时起退出。

六、货车出入登记簿（运统4）

货车出入登记簿（运统4）是分界站、技术站以及大量装卸站登记货车出入情况，作为编制"分界站货车出入报表（运报-1）"和"现在车报表（运报-2）"以及"非号码制货车停留时间登记簿（运统9）"的资料。

货车出入登记簿的格式如表5-11所示，其填记方法如下：

（一）方向栏：分别列车到发方向按出入时分顺序填记。

（二）车次栏：填记到发列车的车次，对不随同列车出入的货车填记出入的种别，如"新造车""企业自备车"等。

（三）到发时分栏：根据"行车日志（运统2、运统3）"填记。

（四）出（入）货车：凡计算车站出入的货车，均填记在各有关栏内。

（五）专业运输公司租用车：本栏根据到、发列车中各专业运输公司租用合计及租用作业转变的情况填入，作为填记"专业运输公司租用货车报表（运报-2ZY）"的资料。

（六）标准换算小时栏：将货车出（入）的实际时分，按十进位小时填记，各站可采用1小时、3小时、6小时等不同结算制的办法填记。

表 5-11（a） 货车出入登记簿（运统 4）

方向	车次	到发时分	标准换算小时	合计 车数	合计 换算小时	作业车 车数	作业车 换算小时	无调中转 车数	无调中转 换算小时	有调中转 车数	有调中转 换算小时	非运用车 车数	非运用车 换算小时	入 棚车	入 散车	入 普通平车	入 两用平车	入 轻油罐车	入 粘油罐车	入 其他罐车	入 冷藏车	入 集装箱车	入 矿石车	入 长大货物车	入 毒品车	入 家畜车	入 散装水泥车	入 散装粮食车	入 特种车	入 其他	入 计	入 棚车	入 散车	入 普通平车	入 两用平车
1	2	3	4	5	6	7	8	9	10	11	12	13	14	15	16	17	18	19	20	21	22	23	24	25	26	27	28	29	30	31	32	33	34	35	36	37
甲	30051	18:20	0.7	56	39.2	10	7.0			46	32.2			51	13	22	12	4		14															
丙	20110	18:58	0	56	0	56								56	25	12			5												5		5		
丙	30138	20:10	0.8	56	44.8					56	44.8			56	30	16		3				15		10											
甲	20109	20:35	0.4	56	22.4	5		51	20.4					51	16	24							8												
甲	30053	21:05	0.9	55	49.5	10	9.0			45	40.5	5	2.0	48	28	20														7	7	7	6	5	
甲	20111	22:00	0	56	0			51	0			5	0	45	13	20	9														6	6			
丙	20112	22:10	0.8	56	44.8			56	44.8					56	35	6											3								

	非 运 用												空 用								运 记 事
粘油罐车	轻油罐车	两用平车	普通平车	散车	棚车	计	其他	特种车	散装粮食车	散装水泥车	家畜车	毒品车	长大货物车	矿石车	集装箱车	冷藏车	其他罐车	粘油罐车	集装箱公司	专业运输公司	特租公司	铁集公司	快运公司	记事
38	39	40	41	42	43	44	45	46	47	48	49	50	51	52	53	54	55	56	57	58	59	60	61	62	63	64	65	66	67	68	69	70	71	72	73
													5			5																			
													5		5	5																			

表5-11（b） 货车出入登记簿（运统4）

方向	车次	到发时分	标准换算小时	合计换算车数	合计换算小时	作业车数	作业换算小时	无调中转车数	无调中转换算小时	有调中转车数	有调中转换算小时	非运用车数	非运用换算小时	出 重 车 计	棚车	散车	普通平车	两用平车	轻油罐车	粘油罐车	其他罐车	冷藏车	集装箱车	矿石车	长大货物车	毒品车	家畜车	散装水泥车	散装粮食车	特种车	其他	运用 计	棚车	散车	普通平车	两用平车
1	2	3	4	5	6	7	8	9	10	11	12	13	14	15	16	17	18	19	20	21	22	23	24	25	26	27	28	29	30	31	32	33	34	35	36	37
甲	40112	18:25	0.6	43	25.8	10	6.0			33	19.8			43	17	12	10				4														
丙	40101	19:15	0.8	30	24.0					30	24.0			30	15	15																			
甲	20110	19:48	0.2	56	11.2			56	11.2					56	25	12	12		5																
丙	30131	20:45	0.3	56	16.8	10	3.0			46	13.8			56	13	22	17	4																	
丙	20109	21:25	0.6	56	33.6			51	30.6			5	3.0	51	16	24		3		14			8						8						
甲	30052	22:25	0.6	56	33.6					56	33.6			45	32	12	9	4				15						3				6	6			
丙	20111	22:45	0.3	56	16.8			51	15.3			5	1.5	56	13	20																				
甲	20112	23:00	0	56	0			56	0						35	6																				

非 运 用 车													运 用 空 车										记事
轻油罐车	粘油罐车	其他罐车	冷藏车	集装箱车	矿石车	长大货物车	毒品车	家畜车	散装水泥车	散装粮食车	特种车	其他	计	棚车	散车	普通平车	两用平车	轻油罐车	粘油罐车	其他罐车	冷藏车	集装箱车	专业运输公司特货公司	快运公司特租集
38	39	40	41	42	43	44	45	46	47	48	49	50	51	52	53	54	55	56	57	58	59	60	69 70 71 72	73
													5	5			5							
													5		5									

将货车出（入）的实际时分换算成十进位的小时数，有逆算法和正算法两种。

正算法：

$$十进位标准换算小时 = \frac{本统计阶段开始至货车出（入）时刻的分钟数}{60}$$

逆算法：

$$十进位标准换算小时 = \frac{货车出（入）时刻至本统计阶段末的分钟数}{60}$$

假设某货车 19:20 出（入），以 1 小时结算制为例，本统计阶段为 19:01—20:00，其正算法标准换算小时为：$20 \div 60 = 0.3$；而逆算法标准换算小时则为：$40 \div 60 = 0.7$。

若为 3 小时结算制，本统计阶段为 18:01—21:00，其正算法标准换算小时为：$80 \div 60 = (60 + 20) \div 60 = 1 + 0.3 = 1.3$；而逆算法标准换算小时则为：$100 \div 60 = (60 + 40) \div 60 = 1 + 0.7 = 1.7$。

若为 6 小时结算制，本统计阶段为 18:01—0:00，其正算法标准换算小时为：$80 \div 60 = (60 + 20) \div 60 = 1 + 0.3 = 1.3$；而逆算法标准换算小时则为：$280 \div 60 = (240 + 40) \div 60 = 4 + 0.7 = 4.7$。

1 小时结算制的正算法和逆算法的十进位标准换算小时可直接查表 5-12 和表 5-13。

表 5-12　正算法十进位小时换算表

实际分数	1~2	3~8	9~14	15~20	21~26	27~32	33~38	39~44	45~50	51~56	57~60
十进位小时	0	0.1	0.2	0.3	0.4	0.5	0.6	0.7	0.8	0.9	1.0

表 5-13　逆算法十进位小时换算表

实际分数	1~3	4~9	10~15	16~21	22~27	28~33	34~39	40~45	46~51	52~57	58~60
十进位小时	1.0	0.9	0.8	0.7	0.6	0.5	0.4	0.3	0.2	0.1	0

（七）换算车小时栏：以第 4 栏的标准换算小时分别乘以 5、7、9、11、13 栏对应的车数，即为 6、8、10、12、14 栏的换算车小时数，且 6 栏 = 8 栏 + 10 栏 + 12 栏 + 14 栏。

每日 18 点终了时，应将本日入、出的各项分别加总，并分出其中随同列车的入、出以及各种不随同列车的入、出合计车数，作为填报"现在车报表（运报-2）"的依据。

七、现在车报表（运报-2）

现在车报表（运报-2）是用于统计车站每日 18:00 当时的货车按运用别、重空别、车种别的现车车数，并通过网络传输上报铁路局，其格式如表 5-14 所示。

第五章 车站统计工作

表 5-14 现在车报表（运报-2）

局名或月日	昨日结存	现在车 入			现在车 出			运用车合计	重车 运用车											空车		
		到达	新购货车	新许可加入	其他	发出	报废车	退出企业自备车	其他		棚车	散车	普通平车	两用平车	轻油罐车	粘油罐车	其他罐车	冷藏车	集装箱车	矿石货车	长大货物车	毒品车	家畜车	散装水泥车	散装粮食车	特种车	其他	计	棚车
										计	P	C	N	NX	GQ	GN	GT	B	X	K	D	W	J	U	L	T			P
	1	2	3	4	5	6	7	8	9	10	11	12	13	14	15	16	17	18	19	20	21	22	23	24	25	26	27	28	29	30	31

	空车															非运用车合计	非运用车													
散车	普通平车	两用平车	轻油罐车	粘油罐车	其他罐车	冷藏车	集装箱车	矿石货车	长大货物车	毒品车	家畜车	散装水泥车	散装粮食车	特种车	其他		棚车	散车	普通平车	两用平车	轻油罐车	粘油罐车	其他罐车	冷藏车	集装箱车	矿石货车	长大货物车	毒品车	家畜车	散装水泥车
C	N	NX	GQ	GN	GT	B	X	K	D	W	J	U	L	T			P	C	N	NX	GQ	GN	GT	B	X	K	D	W	J	U
32	33	34	35	36	37	38	39	40	41	42	43	44	45	46	47	48	49	50	51	52	53	54	55	56	57	58	59	60	61	62	63

备用车												检修车											路用车						
散装粮食车	特种车	其他	计	棚车	散车	普通平车	两用平车	轻油罐车	粘油罐车	其他罐车	冷藏车	集装箱车	矿石货车	长大货物车	毒品车	家畜车	散装水泥车	散装粮食车	特种车	其他	零担及代客货车	行包专用货车	整备罐车	洗罐车	租出空备车	在企业内货车	军方特殊用途空车
L	T			P	C	N	NX	GQ	GN	GT	B	X	K	D	W	J	U	L	T								
64	65	66	67	68	69	70	71	72	73	74	75	76	77	78	79	80	81	82	83	84	85	86	87	88	89	90	91	92

车站编制现在车报表（运报-2）的依据有：列车编组顺序表、行车日志、货车出入登记簿、检修车登记簿、运用车转变记录、非运用车登记簿、部备用货车登记簿、号码制货车停留时间登记簿、非号码制货车停留时间登记簿、新造车辆竣工验收移交记录、车辆资产移交记录和车辆报废通知等有关资料。

八、18点现在重车去向报表（运报-3）

18点现在重车去向报表（运报-3）反映每日18点当时铁路局管内所有重车的去向，作为铁路局组织卸车和掌握重车流向的依据。18点现在重车去向报表（运报-3）的格式如表5-15所示。

表5-15　18点现在重车去向报表

局名或月日	自局管内卸车					移交外局车数				合计重车数
	车数	其中				局	局	……	移交重车合计	
		棚车	敞车	平车	罐车					
	1	2	3	4	5	6	7	……	24	25

车站根据18点当时运用重车的货票、列车编组顺序表或其他货运单据上记载的到站编制；铁路局则根据车站报送的"18点现在重车去向报表"及18点在途列车确报编制。

编制说明：

（1）整车分卸按最终到站统计。

（2）对到达国外、合资、地方铁路的重车按所到达的分界站（无分界站时为交接站）所属局统计。

（3）到达本局管内的重车经由邻局运送时，按到达邻局统计。

（4）重车到站不明时，按到达列车运行方向前方编组站径路统计。

"18点现在重车去向报表"中合计的重车应与"现在车报表"中的重车数一致。

第二节　装卸车统计

装卸车统计反映铁路完成的货车装卸作业和货运量情况，据以考核经营业绩，为改善运输组织，改进货物运输工作提供统计信息和资料。

一、装车数的统计方法

凡在铁路货运营业站承运并填制货票，以运用车运送货物的装车，均统计为装车数。

（一）整车货物

（1）由营业站承运的装车；
（2）港口站的装车及不同轨距联轨站换装货物的装车；
（3）填制货票的游车；
（4）填制货票免费回送货主的货车用具和加固材料的整车装车；
（5）按80%核收运费的企业自备车、企业租用车和路用车的装车（按轴公里计费的除外）；
（6）填制货票核收运费的站内搬运的装车。

（二）集装箱货物

整车集装箱在装车站装载自站发送的集装箱，其换算箱数占全部换算箱数一半及以上的装车。

各类型集装箱的换算箱数按"集装箱技术参数表"（见表2-6）的规定计算。

二、国家铁路运输企业、合资铁路、地方铁路装车数的统计方法

（一）国家铁路运输企业

国家铁路是指国务院铁路主管部门（即中国铁路总公司）独立投资或以中国铁路总公司为主投资建设和管理的铁路。国家铁路运输企业指部属铁路局，涉及专业运输公司作特别指明。

1. 承运装车数

在国家铁路运输企业车站自站的装车（包括在国家铁路运输企业分界站、接轨站制票运往合资、地方铁路的装车）统计为承运装车数。

2. 交接装车数

由非国家铁路控股合资铁路（以下简称非控股铁路）、地方铁路、国境分界站接入并填制有货票的重车或换装货物的装车（不包括通过合资、地方铁路运输的重车及到达分界站或接轨站卸车的重车）统计为交接装车数。

（二）合资铁路

合资铁路指中国铁路总公司与其他部委、地方政府、企业或其他投资者合资建设和经营的铁路，分为国家铁路控股合资铁路和非国家铁路控股合资铁路。国家铁路控股合资铁路按国家铁路统计。

1. 管内装车数（包括装往国家铁路分界站、接轨站卸车的装车）

（1）部属铁路货车：使用部属铁路货车在本合资铁路管内自装自卸所产生的装车。

（2）企业自备货车：使用企业自备货车在本合资铁路管内自装自卸所产生的装车。

（3）内用货车：使用内用货车，并填制正式货票（国家铁路货票或地方税务部门监制的票据）在本合资铁路管内自装自卸所产生的装车。

2. 输出装车数

与全路办理一票直通货物运输的合资铁路自管内装往国家铁路或其他合资、地方铁路所产生的装车。

（三）地方铁路

地方铁路指地方人民政府投资建设和管理的铁路。

1. 管内装车数（包括装往国家铁路分界站或接轨站卸车的装车）

（1）部属铁路货车：使用部属铁路货车在本地方铁路管内自装自卸所产生的装车。

（2）企业自备货车：使用企业自备货车在本地方铁路管内自装自卸所产生的装车。

（3）内用货车：使用内用货车，并填制正式货票（国家铁路货票或地方税务部门监制的票据）在本地方铁路管内自装自卸所产生的装车。

2. 输出装车数

与全路办理一票直通货物运输的地方铁路自管内装往国家铁路或其他合资、地方铁路所产生的装车。

3. 交接装车数

由国家铁路运输企业、合资铁路或其他地方铁路接入或通过并填制货票的重车。

三、卸车数的统计方法

凡填制货票以运用车运送、到达铁路货运营业站的卸车，均统计为卸车数。

（一）整车货物

（1）到达营业站货物的卸车；

（2）港口站的卸车及不同轨距联轨站换装货物的卸车；

（3）填制货票的游车；

（4）填制货票免费回送货主的货车用具和加固材料的整车卸车；

（5）按80%核收运费的企业自备车、企业租用车和路用车的卸车（按轴公里计费的除外）；

（6）填制货票核收运费的站内搬运的卸车。

（二）集装箱货物

整车集装箱在终到站到达自站的集装箱，其换算箱数占全部换算箱数一半及以上的卸车。

四、国家铁路运输企业、合资铁路、地方铁路卸车数的统计方法

（一）国家铁路运输企业

在国家铁路运输企业营业站的卸车，包括由合资、地方铁路接入到达分界站（接轨站）的卸车。

（二）合资铁路

1. 管内卸车数（不包括管内装车到达国家铁路分界站或接轨站的卸车）

（1）部属铁路货车：使用部属铁路货车在本合资铁路管内自装自卸所产生的卸车。

（2）企业自备货车：使用企业自备货车在本合资铁路管内自装自卸所产生的卸车。

（3）内用货车：使用内用货车并填制正式货票（国家铁路货票或地方税务部门监制的票据）在本合资铁路管内自装自卸所产生的卸车。

2. 输入卸车数

由国家铁路运输企业或其他合资铁路、地方铁路与本合资铁路办理一票直通货物运输的重车到达本合资铁路管内的卸车。

（三）地方铁路

1. 管内卸车（不包括管内装车到达国家铁路分界站或接轨站的卸车）

（1）部属铁路货车：使用部属铁路货车在本地方铁路管内自装自卸所产生的卸车。

（2）企业自备货车：使用企业自备货车在本地方铁路管内自装自卸所产生的卸车。

（3）内用货车：使用内用货车并填制正式货票（国家铁路货票或地方税务部门监制的票据）在本地方铁路管内自装自卸所产生的卸车。

2. 输入卸车数

由国家铁路运输企业或其他合资、地方铁路与本地方铁路办理一票直通货物运输的重车到达本地方铁路管内的卸车。

五、增加使用车和增加卸空车的计算

增加使用车、增加卸空车为车站因装卸铁路货车用具，或货物倒装等而使用或卸空的车辆。

除以下规定外，一律不得统计为增加使用车和增加卸空车。

（一）集装箱车

（1）在装车站装载中转集装箱，其换算箱数超过全部换算箱数一半的装车按增加使用车计算；

（2）在终到站到达中转集装箱，其换算箱数超过全部换算箱数一半的卸车按增加卸空车计算。

（二）铁路货车用具

整车装运铁路货车用具（篷布、空集装箱及军用备品等）的装、卸按增加使用车或增加卸空车计算。

（三）倒装作业

运用重车在运送途中发生倒装作业（不包括装载整理）的计算：

（1）一车倒装两车时计算增加使用车一辆，两车倒装一车时计算增加卸空车一辆；

（2）当日卸车后不能当日装车时，当日计算增加卸空车一辆，再装车时可再计算增加使用车一辆；

（3）当日一车倒装一车时不计算增加使用车和增加卸空车数。

六、装卸作业次数的计算

装卸作业次数为车站在一定时期内完成的装车、卸车作业及其他货车作业的总次数。

（1）凡计算装卸车数的均计算作业次数；

（2）货物倒装车、整车装卸铁路货车用具和按增加使用车及增加卸空车计算的整装集装箱，均按实际作业车数计算作业次数。整车货物倒装全部卸空后，又原车装运时，按两次作业计算；

（3）整车分卸的货车在运送途中站进行卸车时，按一次作业计算。

七、待卸车数

凡到达铁路营业站的重车在本统计报告日内实际尚未卸完的，均统计为待卸车数。

八、不计算装卸车数和作业次数的货车

（1）各种非运用车的装卸（按一般货运手续办理的装车应转为运用车）；

（2）变更到站的重车；

（3）不论是否摘下而进行货物装载整理的货车；

（4）在本企业专用线内或不经过铁路营业线的两个企业间搬运货物的装卸。

九、装卸车报表（货报–1）

装卸车报表（货报-1）的格式如表 5-16 所示。

表 5-16　装卸车报表（货报-1）

类别	装车数合计	其中承运装车数	交接装车数	使用车合计	其中增加使用车	车种 棚车	敞车	普通平车	两用平车	轻油罐车	粘油罐车	其他罐车	冷藏车	集装箱车	矿石车	长大货物车	毒品车	家禽车	散装水泥车	散装粮食车	特种车	其他	卸车数合计	待卸车数	卸空车合计	其中增加卸空车	车种 棚车	敞车	普通平车	两用平车	轻油罐车	粘油罐车	其他罐车	冷藏车
	1	2	3	4	5	6	7	8	9	10	11	12	13	14	15	16	17	18	19	20	21	22	23	24	25	26	27	28	29	30	31	32	33	34
部																																		
企																																		
合																																		

类别	车种 集装箱车	矿石车	长大货物车	毒品车	家禽车	散装水泥车	散装粮食车	特种车	其他	装卸作业次数	到达局别使用车 合计	哈局	沈局	北局	太局	呼局	郑局	武局	西局	济局	上局	南局	广局	柳局	成局	昆局	兰局	乌乙	青藏公司
	35	36	37	38	39	40	41	42	43	44	45	46	47	48	49	50	51	52	53	54	55	56	57	58	59	60	61	62	63
部																													
企																													
合																													

装卸车报表由国家铁路运输企业货运营业站按部属货车、企业自备货车、综合分别编制并逐级汇总上报。

（一）装卸车报表的编制依据

（1）货票；

（2）装卸车清单（货统 2）、承运簿（铁运 10）（见表 5-17）、卸货簿（铁运 11 甲）（见表 5-18）、装卸车作业大表（运货-7 甲）（见表 5-19）、运单或其他装卸作业表、单据；

（3）国境站货物交接单、分界（交接）站货物交接记录单（货统 3）。

表 5-17 货物承运簿（铁运 10）

顺号	搬入日期	承运日期	托运人	收货人	到站	货物名称	件数	重量	货车装妥日期	车种车号	货车标重	货票号码	施封号码或篷布号码	备注

表 5-18 卸货簿

货车卸妥日期	车种车号	货票号码	发站（局）	货物名称	件数	重量（公斤）	收货人	堆放地点	搬出时间	搬出证号码	铁路标记	记事

（二）表内关系

（1）使用车合计（4栏）= 装车数（1栏）+ 增加使用车数（5栏）= 6~22栏之和；装车数（1栏）= 承运装车数（2栏）+ 交接装车数（3栏）。

（2）卸空车合计（25栏）= 卸车数（23栏）+ 增加卸空车数（26栏）= 27~43栏之和。

第五章 车站统计工作

表 5-19 装卸车作业大表（运货-7 甲）

顺序号	到达日期	到达车次	到达时分	车种	号码	发站	收货人	品名	吨数	卸车地点	调入日期	调入时分	卸完日期	卸完时分	调出时分	记事	顺序号	车种	号码	到达日期	到达车次	到达时分	到站	品名	装车地点	调入日期	调入时分	装完日期	装完时分	调出时分	记事
1	1/3	30104	14:10	C_{61B}	4190123					货场	1/3	17:30	1/3	22:00			1	C_{64}	4824946	2/3	30138	4:39			货场	2/3	11:00	2/3	15:00		回送空集装箱
2	1/3	30104	14:10	C_{1B}	4790124					货场	1/3	11:30	1/3	22:00			2	C_{44}	4904816	2/3	30138	4:39			货场	2/3	11:00	2/3	15:00		回送空集装箱
3	1/3	31111	15:00	P_{7B}	3864683					货场	1/3	11:30	1/3	22:00			3	NX_{17}	5261657	1/3	44103	20:16			货场	2/3	5:00	2/3	1:00		
4	1/3	31111	15:00	P_{64G}	3469999					货场	1/3	11:30	1/3	22:00			4	NX_{17}	5266562	1/3	44103	20:16			货场	2/3	5:00	2/3	1:00		
5	1/3	44103	18:17	G_{17}	6083661					专用线	1/3	22:40	2/3	1:30		粘油	5	P_{64GK}	3469999	1/3	30134	15:00			专用线	2/3	0:10	2/3	4:20		
6	1/3	44103	18:17	C_{61}	4310110					货场	1/3	22:40	2/3	3:10			6	P_{70}	3864683	1/3	30134	15:00			货场	1/3	22:30	1/3	3:00		
7	1/3	30114	20:16	NX_{17}	5267657					货场	1/3	23:50	2/3	4:30			7	C_{11}	6083661	2/3	31117	18:17			专用线	2/3	2:00	2/3	7:40		
8	1/3	30114	20:16	NX_{17}	5266562					货场	1/3	23:50	2/3	4:30			8	C_{60}	6244133	2/3	31109	6:14			专用线	2/3	15:30				
9	1/3	41012	23:00	C_{64}	1450602					专用线	2/3	3:00	2/3	7:15		轻油	9	C_{64}	1450602	2/3	30114	23:00			专用线	2/3	7:50	2/3	13:00		
10	1/3	41012	23:00	C_{70}	1596589					货场	2/3	3:00	2/3	7:15			10	C_{70}	1596589	2/3	30114	23:00			专用线	2/3	8:15	2/3	13:35		
11	2/3	30138	1:58	G_{60}	6256985					货场	2/3	5:00	2/3	8:00		轻油							倒装车								
12	2/3	30138	1:58	G_{60}	6257364					货场	2/3	5:00	2/3	8:00		轻油	顺序号	种别	到达车次	到达日期	到达车次	到达时分	车种	号码	到站	装卸地点	调入日期	调入时分	装卸完了日期	装卸完了时分		记事
13	2/3	31109	4:39	C_{64}	4824946					货场	2/3	7:50	2/3	10:30			1	到达换装	30134	1/3	23:00	C_{63}	4326519		货场	2/3	1:30	2/3	3:50		卸后送修
14	2/3	31109	4:39	C_{64}	4904816					货场	2/3	7:50	2/3	10:30			2	到达换装	31117	1/3	18:17	C_{61}	4310110		货场	2/3	4:20	2/3	8:00		
15	2/3	31115	6:14	G_{60}	6244133					专用线	2/3	11:00	2/3	15:00					项目	时间	0时	6时	12时	18时	当日	日						
16	2/3	31115	6:14	C_{70}	6273884					货场	2/3	11:00	2/3	15:00					阶段装卸车情况							旬	计					
17	2/3	30136	9:45	P_{63}	3308701					回送壁布	2/3	13:20	2/3	15:20					车数	已装							月	计					
18	2/3	30136	9:45	P_{65}	3501049					货场	2/3	13:20	2/3	15:20						待装													
19	2/3	31109	10:20	N_{T70}	5055055					货场	2/3	13:20	2/3	15:20						已卸						货物发送吨数							
20	2/3	30113	10:20	C_{65}	4176365					货场	2/3	13:20	2/3	15:20						待卸						净载重							
21	2/3	30113	10:20	C_{65}	1485989					专用线	2/3	13:20	2/3	15:20																			
22	2/3	31105	15:05	K_{12}	5521208					专用线	2/3	17:52													电报、命令及交接事项							
23	2/3	31105	15:05	K_{18F}	5523638					专用线	2/3	17:52																				

第三节 货车停留时间统计

货车停留时间统计反映了运用车的货物作业和中转作业停留时间的完成情况，是检查、分析、改善车站的运输组织工作，提高货车使用效率的依据。

凡计算车站出入的运用车，由到达、转入或加入时起至发出、转出或退出时止的全部停留时间（不包括其中转入非运用车的停留时间）均应统计停留时间，但中间站利用列车停站时间进行装卸，装卸完了仍随原列车继续运行（不摘车装卸作业）时，只计算作业次数，不计算停留时间（这部分时间是计算在货车旅行时间内的）。

一、货车停留时间分类

货车停留时间按货车在车站的作业性质可分为货物作业停留时间和中转作业停留时间，货物作业车在站的停留时间为货物作业停留时间，中转车在站的停留时间为中转作业停留时间。

（一）货物作业停留时间

按货物作业车在车站的作业过程分类，货物作业停留时间可分为入线前停留时间、站线（专用线）作业停留时间、出线后停留时间。

1. 入线前停留时间

由本站货物作业车到达车站时起至送到装卸地点时止，以及双重作业车由卸车完了时起至送到另一装车地点时止的时间为入线前停留时间。

入线前停留时间的长短，主要取决于列车到达作业、解体作业和送车作业的效率。这一过程的工作主要由车站运转部门负责组织进行。

2. 站线作业停留时间

由本站货物作业车送到装卸地点时起至在该地点装卸作业完了时止的时间为站线作业停留时间。

3. 专用线作业停留时间

由本站货物作业车送到装卸地点时起至在该地点装卸作业完了时止的时间为专用线作业停留时间。如规定以企业自备机车取送车辆时，以双方将货车送到规定地点的时分计算。

站线（专用线）作业停留时间的长短主要取决于车站（专用线）组织装卸作业的效率。这一过程的工作主要由车站（专用线）货运部门、装卸部门负责组织进行。

4. 出线后停留时间

由本站货物作业车最后一次装卸作业完了时起至由车站发出时止的时间为出线后停留时间。

出线后停留时间的长短主要取决于取车、集结、编组和出发等技术作业的效率。这一过程的工作主要由车站运转部门负责组织进行。

凡无入线前停留时间或站线（专用线）作业时间或出线后停留时间者，均属作业过程不全的货物作业车。

（二）中转作业停留时间

根据需要中转车在车站可能会进行解体、改编、中转技术作业及其他中转作业（包括变更到站、装载整理、专为加冰及洗罐消毒的货车，按规定进行洗罐的罐车除外），按中转作业的性质不同，中转作业停留时间可分为无调中转停留时间和有调中转停留时间两种。

二、货车停留时间的计算

货物作业停留时间一般统计一次货物作业停留时间和各作业过程的每车平均停留时间，中转作业停留时间一般统计中转车平均在站停留时间和分别有调中转车、无调中转车的平均在站停留时间。

（一）一次货物作业平均停留时间（$t_{货}$）

$$t_{货} = \frac{统计阶段内本站货物作业车总停留车小时}{统计阶段内完成的货物作业总次数} \text{（h）}$$

（二）有调中转车平均停留时间（$t_{有}$）

$$t_{有} = \frac{统计阶段内有调中转车总停留车小时}{统计阶段内有调中转车总数} \text{（h）}$$

（三）无调中转车平均停留时间（$t_{无}$）

$$t_{无} = \frac{统计阶段内无调中转车总停留车小时}{统计阶段内无调中转车总数} \text{（h）}$$

（四）中转车平均停留时间（$t_{中}$）

$$t_{中} = \frac{统计阶段内无调中转车及有调中转车的总停留车小时}{统计阶段内无调中转车及有调中转车总数} \text{（h）}$$

以上各项计算的平均停留时间保留一位小数，第二位小数四舍五入。

三、货车停留时间的统计方法

货车停留时间的统计方法有号码制和非号码制两种。

（一）号码制统计方法

号码制统计方法利用"号码制货车停留时间登记簿（运统 8）"（见表 5-20）进行，在表中逐车登记每一辆货车的信息，然后对当日发出的各种作业性质的货车进行结算。

1. "号码制货车停留时间登记簿（运统 8）"的填记依据及填记方法

（1）每个统计日开始时将昨日没有发出的货车有关信息用红笔移入当日表格的最前部，然后继续填记当日到发的货车信息。

表5-20 号码制货车停留时间登记簿（运统8）

货车		到达		调入站线		站线作业完了		调入专用线		专用线作业完了		发出			作业种类	中转车停留时间	作业车停留时间	货物作业过程别				非运用		停留时间	记事
车种	车号	车次	月日	时分	月日	时分	月日	时分	月日	时分	月日	时分	车次	月日	时分				入前时间	站线	专用	出后时间	转入月日时分	转出月日时分		
1	2	3	4	5	6	7	8	9	10	11	12	13	14	15	16	17	18	19	20	21	22	23	24	25	26	27
C$_{62}$	4114882	40101	19/3	12:59	19/3	14:10	19/3	15:10					40104	20/3	4:15	双		15.16	4.01	1.00	3.00	7.15				
C$_{62}$	4133345	40101	19/3	12:59	19/3	17:00	19/3	21:00	19/3	18:00	19/3	21:00	40104	20/3	4:15	双		15.16	2.11	4.00 1.50		7.15				
P$_{61}$	3061432	40102	19/3	16:38	19/3	17:50	19/3	19:50					40103	20/3	2:20	卸		9.42	1.12	2.00		6.30				
N$_{17}$	5041578	40102	19/3	16:38	19/3	17:50	19/3	19:50					40103	20/3	2:20	分卸		9.42	1.12	2.00		6.30				
P$_{62}$	3200569	40103	20/3	1:22	20/3	2:12	20/3	3:52					40101	20/3	13:10	双		11.48	—	1.40	3.50	4.18				不摘车作业
P$_{63}$	3309576	40103	20/3	1:22	20/3	8:00	20/3	10:00	20/3	5:02	20/3	8:52	40101	20/3	13:10	内倒		0	2.00	2.00	—	—				
P$_{64}$	3430892	40104	20/3	3:40	20/3								40102	20/3	7:45	有	4.05	2.20	0.20							倒装卸挂送修
C$_{62}$	4139669	40104	20/3	3:40									40102	20/3	7:45	有	4.05						20/3 4:00	20/3 8:00		倒装后挂送修
P$_{64}$	3419681	40104	20/3	3:40																			20/3 10:00	20/3 13:10	7.10	
C$_{62A}$	4401673	40101	20/3	12:30	20/3	14:00	20/3	16:30	20/3	17:20																
合计																	8.10	61.44	10.36	12.30	6.50	31.48				
进总数																	8	62	11	13	7	32				
调整																	8	62	11	12	7	32				
作业过程不全的货车																		2	0	2						

（2）列车车次、车种、车号栏（1、2、3、14栏）：根据列车编组顺序表（运统1）填记。

（3）列车到发时分栏（4、5、15、16栏）：根据《行车日志》（运统2、3）填记。

（4）第6~13栏：根据装卸车清单（货统2）、货车调送单（货统46）或专用线取送车辆记录中的货车调到交接地点及装卸完了的时分填记。

若在站线卸车后调入另一站线装车，或在专用线卸车后调入另一专用线装车的双重作业车，即两次货物作业均在站线或均在专用线进行时，在第6~9栏或第10~13栏内，以分数形式填记两次作业的相关时间，分母填记第一次作业的起止时分，分子填记第二次作业的起止时分。

（5）非运用车转入、转出栏（24栏、25栏）：根据运用车转变记录（运统6）、非运用车登记簿（运统7）中的转变时分填记。

以上所有时分均填记实际时分。

（6）作业过程不全的货物作业车：根据具体情况在第6~13栏及第20~23栏内划一横线。

（7）作业种类栏（17栏）：根据具体情况按以下简称填记汉字：

装车："装"，卸车："卸"，双重作业："双"，货物倒装："倒"，无调中转："无"，有调中转："有"。

（8）停留时间栏（18、19、26栏）：18栏为中转车作为运用车在车站的总停留时间，19栏为作业车作为运用车在车站的总停留时间，26栏为非运用车在车站的总停留时间（转出时分减去转入时分），18栏和19栏的总停留时间可用发出时分减去到达时分，若其中曾作为非运用车停留，则再减去26栏的时间。

（9）本统计日终了时，将本统计日内已发出的货车（已填记第14~16栏）加以结算：

① 各项停留时间（第18~23栏）加总后，1 h以下满30 min进为1 h，30 min以下舍去；

② 作业过程不全（在第6~13栏及第20~23栏划有横线）的车数与停留时间，须单独加以结算；

③ 第20~23栏各停留时间加总、进整后的合计数，与19栏加总、进整数不等时应进行调整，调整时19栏加总、进整数不变，调整20~23栏加总、进整数，使20~23栏各停留时间加总、进整后的合计数，与19栏加总、进整数相等；

④ 货物作业次数按17栏加总计算。

按上述方法统计和结算后，即可计算本统计日完成的各项指标。

2. 号码制统计方法的优缺点及适用情况

号码制统计方法是按每一辆货车的实际到发时分结算的，统计的货车停留车小时比较准确。同时，运统8按货物作业车作业过程进行统计，能反映入线前、出线后和站线（专用线）作业停留时间延长或缩短的情况，便于车站进行分析和改进工作组织。但号码制统计方法仅结算当日发出车辆的停留车小时、作业次数和车数，当日没有发出的车辆所产生的停留车小时、车数、作业次数不参加结算，因此不能准确反映当日工作的实绩，并且号码制统计方法需逐车登记、逐栏结算，工作繁琐。

因此，号码制统计方法适用于货车出入较少的车站，以及使用非号码制货车停留时间登记簿的车站，用以统计本站货物作业车的作业过程及其停留时间，作为填报"货车停留时间报表（运报-4）"的资料。

（二）非号码制统计方法

采用非号码制货车停留时间登记簿（运统9）（见表5-22）进行。

表 5-21 非号码制货车停留时间登记簿（运统 9）

1	到达		货车出入总数 发出				货物作业车 入			出			无调中转车 到达		发出		停留车小时	结存	有调中转车 到达		发出		转出		停留车小时	结存	非运用车 入		出		停留车小时	结存	记事
	车数	换算车小时	车数	换算车小时	结存	停留车小时	到达车数	换算车小时	转入车数	发出车数	换算车小时	转出车数	到达车数	换算车小时	发出车数	换算车小时			到达车数	换算车小时	发出车数	换算车小时	转出车数	换算车小时			到达车数	换算车小时	发出车数	换算车小时			
	2	3	4	5	6	7	8	9	10	11	12	13	14	15	16	17			18	19	20	21	22	23	24	25	26	27	28	29	30	31	32	33	34	35	36	37	38	39	40	41	42	43	44
昨日结存					181										59									0								110										12	
18:01-19:00	112	39.2	43	25.8	250	194.4	10	7.0		10	6.0		59		60.0					56						46	32.2			33	19.8		123	122.4									12	12.0	
19:01-20:00	0	0	86	35.2	164	214.8							49		59.0		56		11.2	56	44.8	0							30	24.0		93	99.0									12	12.0	
20:01-21:00	112	67.2	56	16.8	220	214.4	10			10	3.0		59		56.0					56	22.4	44.8										103	124.0									12	12.0	
21:01-22:00	111	49.5	56	33.6	275	235.9		9.0					59		58.0		56	33.6	16.8	56	44.8	22.4				45	44.8			46	13.8		144	141.5			4	2.0					16	14.0	
22:01-23:00	56	44.8	168	50.4	163	269.4				20	12.0		59		59.0		56		33.6	56	22.4	84.0					40.5						88	110.4				2.0					16	16.0	
23:01-0:00	0	0	0	0	163	163							59		59.0								0										88	88.0									16	16.0	
0:01-1:00	55	38.5	55	33.0	163	168.5	10	7.0					49		54.0				0			0				45	31.5			35	21.0		98	98.5									16	16.0	
1:01-2:00	167	105.6	87	24.8	243	243.8							59		57.0		56	61.6	33.6	112	61.6	61.6				45	36.0			31	24.8		112	109.2									16	16.0	
2:01-3:00	111	44.8	96	53.6	203	234.2	9			9	4.5		50		54.5		56		22.4	56	22.4					55	44.8			31	15.5		137	141.3									16	16.0	
3:01-4:00	55	27.5	55	49.5	203	230.5							50		50.0		56	16.8	0	56	50.4	39.2				35	17.5						192	164.5									16	16.0	
4:01-5:00	55	27.5	112	33.6	257	307.9	20	10.0		20	12.0		70		60.0		56	16.8	16.8	56	50.4	39.2				24	24.0			56	16.8		171	192.7									16	16.0	
5:01-6:00	56	50.4	111	44.2	202	263.2							50		58.0		56	11.2		56	22.4	22.4								35	21.0		136	150.0									16	16.0	
6:01-7:00	88	54.4	0	0	290	256.4	20	8.0					58		58.0		56	28.0		56	22.4	39.2				30	24.0		4.8	44	17.6		166	164.8			6				6	4.8	10	11.2	
7:01-8:00	0	0	56	28.0	234	262.0	0			0			58		58.0					56	22.4	0					18.0						166	166.0									10	10.0	
8:01-9:00	36	21.6	0	0	270	255.6		3.6					64		61.6							56											196	184.0									10	10.0	
9:01-10:00	0	0	56	22.4	214	247.6				12	4.8		52		59.2					0										44	17.6	5.6	146	174.8				3.6				4.8	16	13.6	
10:01-11:00	0	0	56	22.4	214	214.0							52		52.0							0				30	18.0						146	146.0									16	16.0	
11:01-12:00	55	27.5	55	49.5	214	192.0	8	7.2		8			44		44.8		55	27.5	16.5	55	27.5	27.5				45	40.5			47	42.3		99	103.7									16	16.0	
12:01-13:00	56	50.4	111	61.3	159	203.1		9.9					55		53.9		55	16.5	0	55	16.8	38.5				50	40.5			56	44.8		88	94.7									16	16.0	
13:01-14:00	55	25.9	56	28.0	214	159.0	5						60		55.0							0											138	88.0									16	16.0	
14:01-15:00	91	5.5	56	28.0	249	219.5				10	0		50		60.0					55	5.5	5.5				36	0						128	138.0									16	16.0	
15:01-16:00	0	0	55	16.5	194	232.5							50		50.0		55	16.5	0	55	16.8	38.5											128	128.0									16	16.0	
16:01-17:00	56	16.8	56	28.0	194	182.8							50		50.0		56			56		16.8					20.3			56	28.0		76	103.2								3.2	12	12.8	
17:01-18:00	37	25.9	56	28.0	175	191.9	8	5.6					58		55.6				28.0			28.0				29							105	96.3									12	12.0	
合计	1365	691.6	1371	584.7	/	5358.4	98	68.1		99	49.5		/		1342.6		670	251.4	2122	670	377.6	541.2				597	377.6	602	323	56		3129		10	5.6			10	8.0	8.0	343.6	

1. 填记依据

（1）到发车数、换算车小时栏：根据"货车出入登记簿（运统4）"填记。

（2）转入、转出车数、换算车小时栏：根据"检修车登记簿（运统5）"、"非运用车登记簿（运统7）"、"备用车登记簿（运统7-A）"计算填记。

2. 填记方法

（1）凡计算车站出入车数的一切运用车及非运用车，均需登记。

（2）每日18点开始登记前，先将昨日各项结存车数移入本日"昨日结存"行各栏内。

（3）各到达和发出的车数、换算车小时栏：

根据"货车出入登记簿（运统4）"结算每一小时内随同列车和不随同列车出入的车数和换算车小时的总数，填入本小时的有关栏内。

（4）各转入和转出的车数、换算车小时栏：

根据"检修车登记簿"、"非运用车登记簿"、"备用车登记簿"及装卸车情况，结算每一小时内由运用车转入非运用车、非运用车转回运用车的车数和换算车小时总数，填入本小时有关栏内。

（5）转入、转出各栏按下列规定填记：

① 由非运用车转回运用车的货车，按转入非运用前的作业种别填记，但转回进行装车时，必须转入作业车（包括解除备用时间不满的货车）；

② 到达的非运用车和由运用车转入非运用、非运用转回运用车前后作业种别不同时，则按转回运用的实际作业种别填记；

③ 由于转入、转出需要倒退时间订正时，为了简化手续，不倒退时间涂改，可在记事栏内注明原因、车数及时间，在当日总结时一次调整计算；同一小时内产生转入、转出时，也应在记事栏注明原因

3. 各小时末结算方法

每小时内出入的车数及换算车小时数填记完了后，按下列方法结算：

（1）结存栏：即每小时末的结存车数。

$$每小时末结存车数 = 上小时末结存车数 + 本小时内入的车数 - 本小时内出的车数$$

（2）各停留车小时栏：即本小时内产生的停留车小时。

$$每小时内的停留车小时 = 上小时末结存车数 + 本小时内入的换算车小时 - 本小时内出的换算车小时$$

4. 日终结算方法

每个统计日结束后，按以下方法进行结算：

（1）将一昼夜间到达、发出、转入、转出的各种车数加总填入合计行对应栏目内，即为到达、发出、转入、转出的各种货车的总数；

（2）将一昼夜间各种货车的停留小时栏数字加总填入合计行，即为各对应货车一昼夜产生的总停留车小时数；

（3）一昼夜中转车数的确定：

中转车数 = 无调中转车数 + 有调中转车数

① 无调中转车数按下式确定：

$$无调中转车数 = \frac{到达的无调中转车合计数 + 发出的无调中转车合计数}{2}$$

② 有调中转车数按下式确定：

$$有调中转车数 = \frac{到达的有调中转车合计数 + 发出的有调中转车合计数}{2}$$

根据以上统计的各项数据和装卸车统计的有关数据，即可计算当日完成的各项指标，并编制"货车停留时间报表（运报-4）"（见表5-22）。

表5-22 货车停留时间报表（运报-4）

局名或月日	一次货物作业停留时间			中转车停留时间								
^	作业次数	车辆小时	一次平均	无调中转			有调中转			合计		
^	^	^	^	车数	车辆小时	一车平均	车数	车辆小时	一车平均	车数	车辆小时	一车平均
^	1	2	3	4	5	6	7	8	9	10	11	12

装卸量较大的车站货物作业车作业过程											
作业车数	车辆小时	一次平均	入线前停留时间			站线作业时间			专用线作业时间			出线后停留时间		
^	^	^	车数	车辆小时	一车平均	车数	车辆小时	一车平均	车数	车辆小时	一车平均	车数	车辆小时	一车平均
13	14	15	16	17	18	19	20	21	22	23	24	25	26	27

4. 非号码制统计方法的优缺点及采用情况

非号码制统计方法与号码制统计方法相比，手续简便，无论货车当日是否发出，其车数和停留时间都要进行统计，能反映车站当日货车运用效率，但因停留车小时和计算车数均有误差，因此计算结果不够精确，且不能反映货物作业车的各项作业过程及其停留时间。非号码制统计方法适用于货车出入数较多的车站。

第四节　区间装卸作业统计

在区间内正线进行装卸作业的货车，由办理货运手续的车站统计装卸车数和货物作业停留时间，非办理货运手续的车站的货车出入及其停留按中转车统计。在非营业站内的装卸视同区间装卸。

一、按调车作业调入区间的装卸

凡随同货物列车（包括小运转列车，下同）以外的车次进入区间，或以货物列车进入区间，在两个营业站之间装卸后原方向返回时，均视为调车作业进入区间装卸。

1. 本站办理货运手续

（1）货车由本站调入区间。

① 若装卸作业完了返回本站，如图 5-1 所示：从货车到达本站时刻开始计算，装卸作业完了返回到本站的时刻为装卸作业完了时刻，货车由本站发出时算出，从货车到达本站时起至区间作业完了返回本站再由本站发出时止，本站统计为货物作业停留时间 4 h。

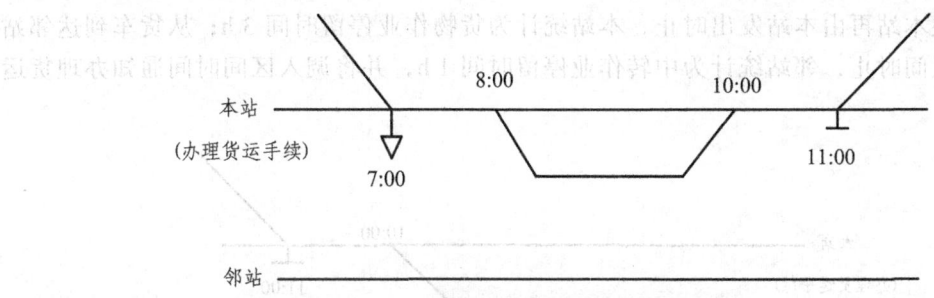

图 5-1 本站调入区间作业完毕返回本站

② 若装卸作业完了调往邻站，如图 5-2 所示：到达邻站时本站算出，同时为装卸作业完了时刻，从货车到达本站时起至区间作业完了开到邻站时止，本站统计为货物作业停留时间 3 h；从货车到达邻站时起至由邻站发出时止，邻站统计为中转作业停留时间 1 h，并将到达时间通知办理货运手续的车站。

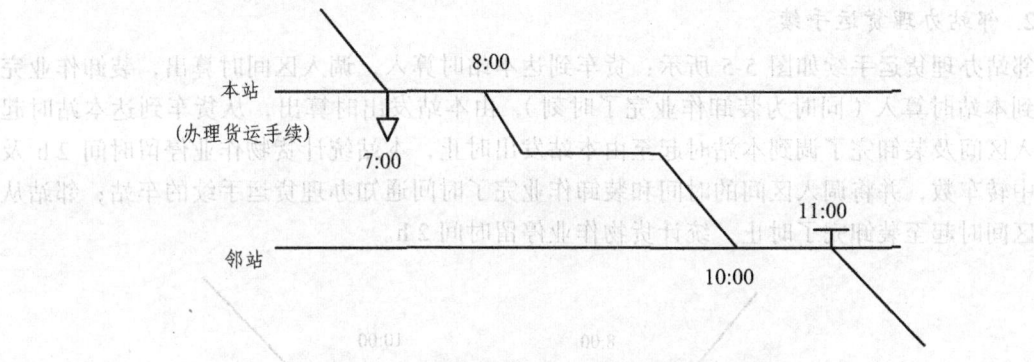

图 5-2 本站调入区间作业完了调往邻站

（2）货车由邻站调入区间。

① 若装卸作业完了返回邻站，如图 5-3 所示：邻站调入区间时本站算入，返回到邻站时本站算出，同时为装卸作业完了时刻，从货车由邻站调入区间时起至区间作业完了返回邻站时止，本站统计为货物作业停留时间 2 h；从货车到达邻站时起至调入区间时止及区间作业完了返回邻站时起至由邻站发出时止，邻站统计为中转作业停留时间 2 h 及两次中转车数，并将调入区间的时间和装卸作业完了的时间通知办理货运手续的车站。

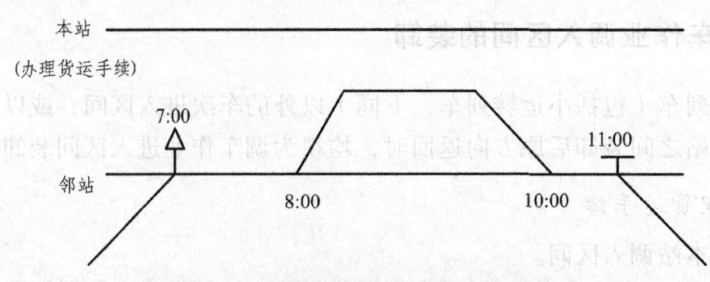

图 5-3 邻站调入区间作业完了返回邻站

② 若作业完了调往本站,如图 5-4 所示:货车由邻站调入区间本站时算入,装卸作业完了调到本站时刻为装卸作业完了时刻,本站发出时算出,从货车由邻站调入区间时起至区间作业完了开往本站再由本站发出时止,本站统计为货物作业停留时间 3 h;从货车到达邻站时起至调入区间时止,邻站统计为中转作业停留时间 1 h,并将调入区间时间通知办理货运手续的车站。

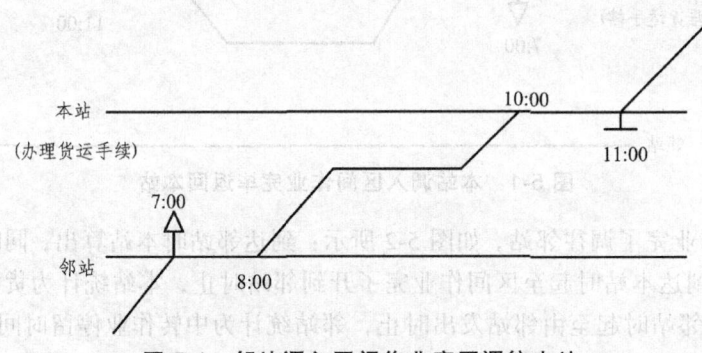

图 5-4 邻站调入区间作业完了调往本站

2. 邻站办理货运手续

邻站办理货运手续如图 5-5 所示:货车到达本站时算入,调入区间时算出,装卸作业完了调到本站时算入(同时为装卸作业完了时刻),由本站发出时算出,从货车到达本站时起至调入区间及装卸完了调到本站时起至由本站发出时止,本站统计货物作业停留时间 2 h 及两次中转车数,并将调入区间的时间和装卸作业完了时间通知办理货运手续的车站;邻站从调入区间时起至装卸完了时止,统计货物作业停留时间 2 h。

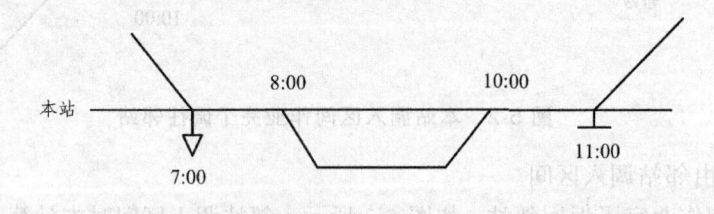

图 5-5 邻站办理货运手续

在区间装卸作业完了以前的各站往返,均不计算货车出入。

二、随同货物列车（包括小运转列车，下同）进入区间的装卸

1. 本站办理货运手续

（1）货车由本站挂入列车发往区间，如图 5-6 所示：货车到达时算入，发往区间时算出，同时为装卸作业完了时刻，从货车到达本站时起至发往区间时止，本站统计为货物作业停留时间 1 h。

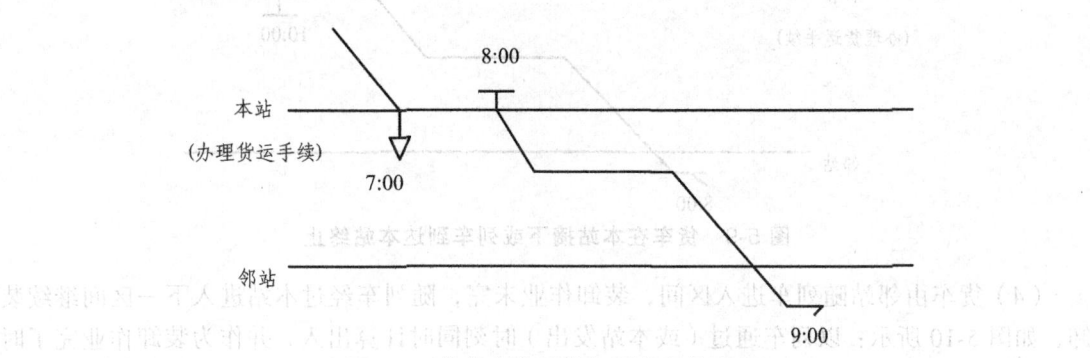

图 5-6　货车由本站挂入列车发往区间

（2）随同列车挂来经过本站进入区间，如图 5-7 所示：以列车发出或通过时刻同时计算出入，并作为装卸作业完了时刻，本站只计算作业次数，不统计货物作业停留时间。

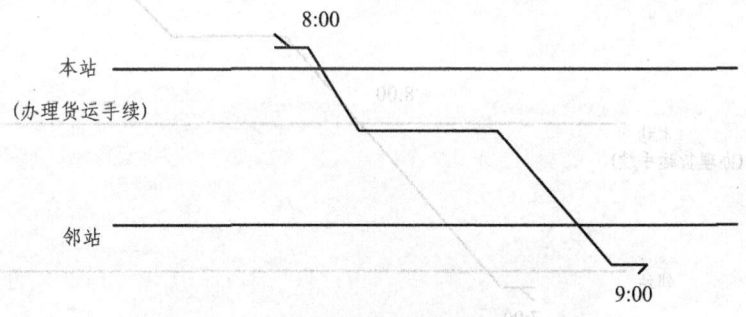

图 5-7　货车由列车挂来经本站进入区间

（3）货车由邻站随同列车进入区间。

① 若作业完了经过本站继续运行，如图 5-8 所示：以列车到达或通过本站时刻同时计算出入，并作为装卸作业完了时刻，本站只计算作业次数，不统计货物作业停留时间。

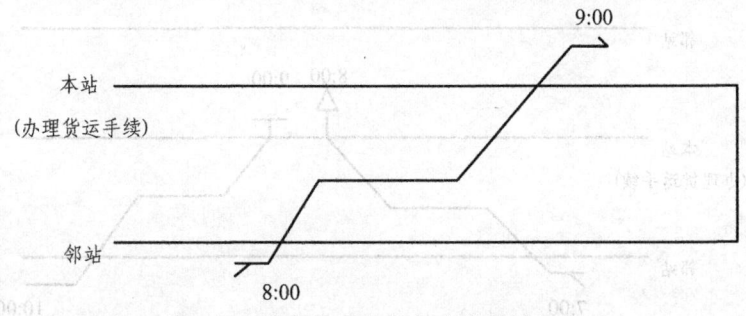

图 5-8　货车作业完了经本站继续运行

② 若货车在本站摘下或列车到达本站终止，如图 5-9 所示：列车到达本站时算入，并作为装卸作业完了时刻，货车发出时算出，从列车到达本站时起至货车发出时止，本站统计为货物作业停留时间 1 h。

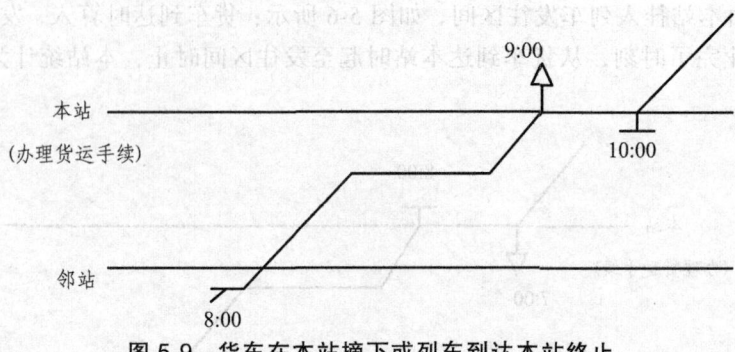

图 5-9 货车在本站摘下或列车到达本站终止

（4）货车由邻站随列车进入区间，装卸作业未完，随列车经过本站进入下一区间继续装卸，如图 5-10 所示：以列车通过（或本站发出）时刻同时计算出入，并作为装卸作业完了时刻，本站只计算作业次数，不统计货物作业停留时间。

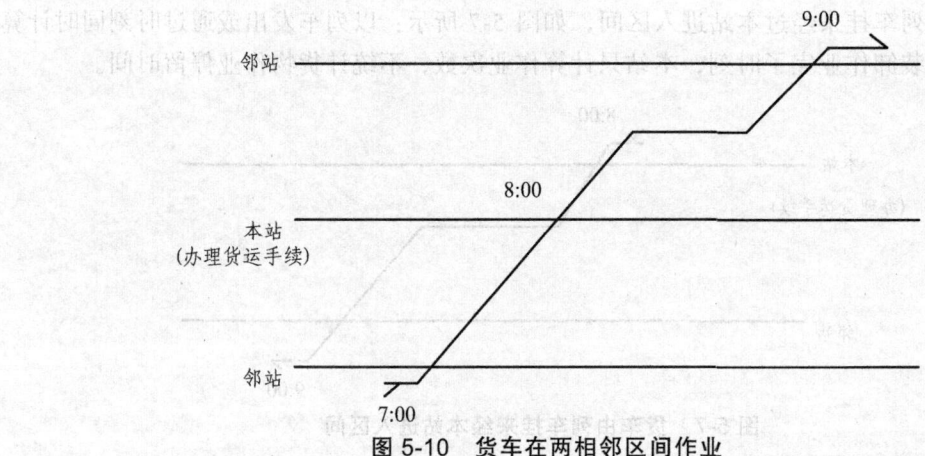

图 5-10 货车在两相邻区间作业

（5）货车由邻站随列车进入区间，列车在本站折返原区间继续装卸时，如图 5-11 所示：列车到达时算入，列车发出时算出，并作为装卸作业完了的时刻，从列车到达本站时起至列车由本站发出时止，本站统计为货物作业停留时间 1 h。

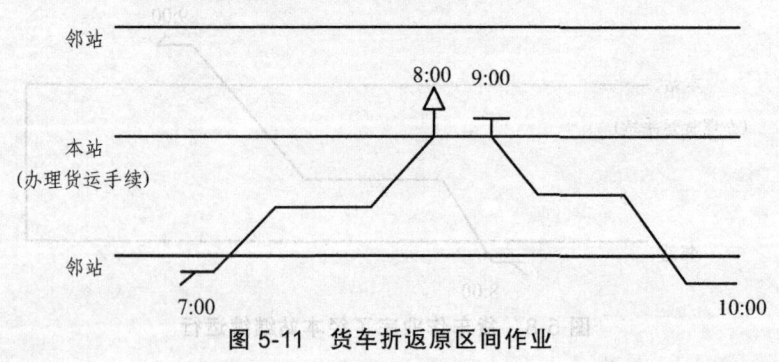

图 5-11 货车折返原区间作业

2. 邻站办理货运手续

（1）货车由本站挂入列车发往区间，如图 5-12 所示：货车到达时算入，列车发出时算出，从货车到达时起至列车发出时止，本站统计中转停留时间 1 h。

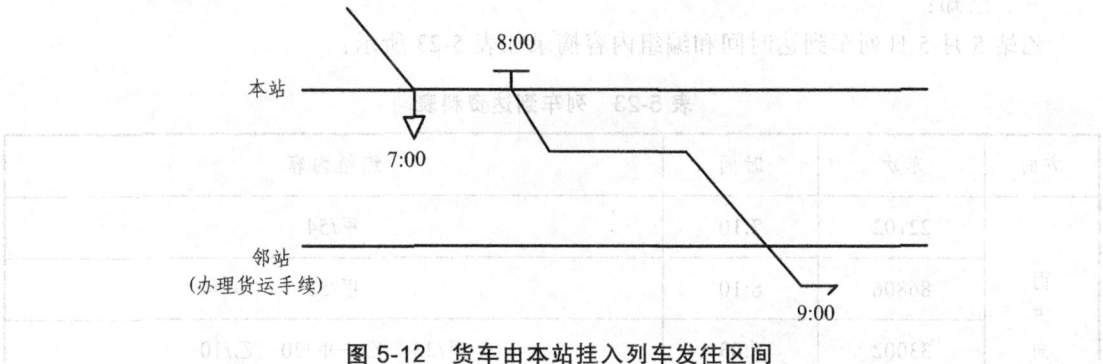

图 5-12　货车由本站挂入列车发往区间

（2）货车由邻站随同列车进入区间，装卸作业完了列车到达本站终止或货车摘下，如图 5-13 所示：列车到达本站时算入，货车发出时算出，从列车到达本站时起至货车发出时止，本站统计中转停留时间 1 h。

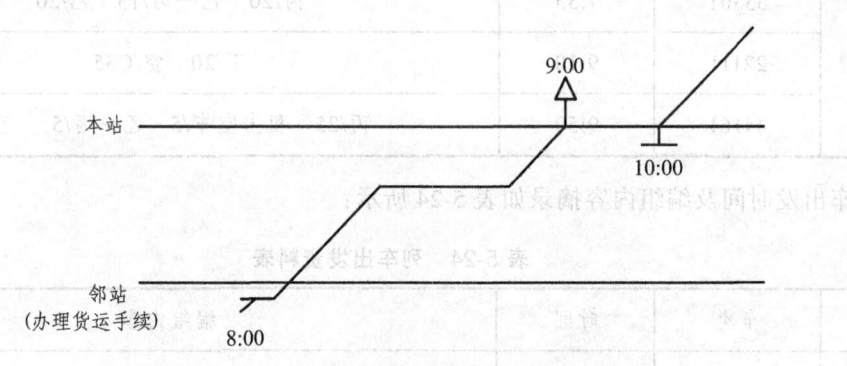

图 5-13　作业完了列车到达本站终止或货车摘下

（3）货车随列车挂来经过本站进入区间，或由邻站随列车进入区间，装卸作业完了，列车经过本站继续运行，如图 5-14 所示：列车在本站不论停留与否，均不统计中转车数和中转停留时间。

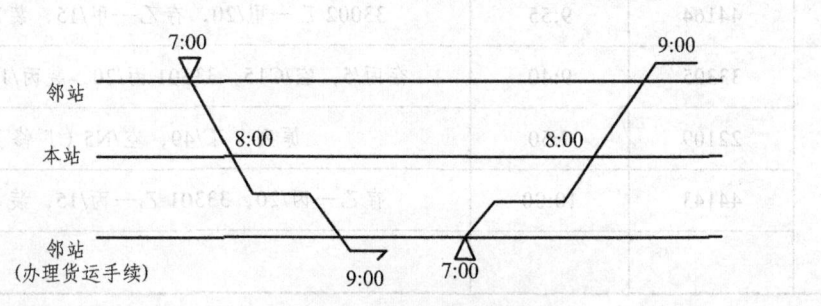

图 5-14　货车作业完了经本站继续运行

技 能 训 练

一、已知：

乙站 5 月 5 日列车到达时间和编组内容摘录如表 5-23 所示：

表 5-23　列车到达资料表

方向	车次	时间	编组内容
丙方向	22102	7:10	甲/54
	86806	8:10	甲/53
	33002	6:03	甲/25　乙—甲/20　乙/10
	44142	9:00	甲/30　乙—甲/15　乙/5
甲方向	22109	6:50	丁/50（7:30 甩下一辆），空/N5（厂修）
	33301	7:35	丙/20　乙—丙/15　乙/20
	22111	9:10	丁/20　空/C35
	44161	9:50	丙/25　租出空车/5　乙—丙/5　乙/5

列车出发时间及编组内容摘录如表 5-24 所示：

表 5-24　列车出发资料表

方向	车次	时间	编组内容
丙方向	22102	8:10	原列　甲/54
	86806	8:40	原列　甲/53
	33306	9:15	33002 甲/25　存甲/15　装甲/15
	44164	9:55	33002 乙—甲/20，存乙—甲/15，装乙—甲/20
甲方向	33305	9:40	存丙/5，空/C15，33301 丙/20，装丙/10，卸空/C5
	22109	7:50	原列　丁/49，空/N5（厂修）
	44143	10:00	存乙—丙/20，33301 乙—丙/15，装乙—丙/15

要求：填记乙站 5 月 5 日 6:00—10:00 运统 4 相关栏目，见表 5-25。

表 5-25　货车出入登记簿（运统 4）摘录

	方向	车次	到发时刻	标准换算小时	合计 车数	合计 换算车小时	作业车 车数	作业车 换算车小时	无调中转车 车数	无调中转车 换算车小时	有调中转车 车数	有调中转车 换算车小时	非运用车 车数	非运用车 换算车小时
	1	2	3	4	5	6	7	8	9	10	11	12	13	14
入														
合　计														

	方向	车次	到发时刻	标准换算小时	合计 车数	合计 换算车小时	作业车 车数	作业车 换算车小时	无调中转车 车数	无调中转车 换算车小时	有调中转车 车数	有调中转车 换算车小时	非运用车 车数	非运用车 换算车小时
	1	2	3	4	5	6	7	8	9	10	11	12	13	14
出														
合　计														

二、某中间站利用号码制统计货物作业停留时间，6月份停时指标为 8.0 h，已知 6 月 29 日结算时，累计完成装车 20 车，卸车 30 车，停留车小时为 405 车小时。30 日 44101 次 5:28 甩下重车 10 辆，计划卸完后再装 5 辆，就刚好完成本月的装卸车任务。

若该批车辆按计划装卸完毕后随另一列车挂走，若要完成当月计划停时指标，该列车最晚何时必须发出？（本站当日无其他货物作业车停留）

三、某中间站计划每日卸 8 车装 6 车，停时 8.0 h，某日 44001 次 2:00 甩重车 8 辆，其中 2 辆卸后用于排空，由当日 44102 次列车在 11:00 挂走，其余 6 辆卸后用于装车由 44103 次列车挂走。

试问 44103 次列车最晚何时必须发车才能保证完成当日停时指标？（本站当日无其他货物作业车停留）

四、某技术站计划中时 2.1 h，某日 17:00 统计结算时，中转车结存 85 车，中转车停留车小时累计 1 647 车小时，此时完成的中时为 2.2 h；17:00—18:00 间中转车到发情况为：17:25 发出有调中转车 45 车，17:58 到达无调中转车 55 车。

若该站采用 1 小时结算制，标准换算小时采用逆算法，试按非号码制统计原理，计算该站当日 18:00 时中时（即当日中时）完成情况。

五、某站 6 月份计划装车 300 车，卸 420 车，停时 10.0 h，截止到 6 月 20 日 18:00 已完成装 180 车，卸 260 车，停时 10.3 h，4 550 车小时。

试问下旬该站如何组织装卸车工作才能完成装卸车任务？若要保证完成当月计划停时指标，下旬停时最多可达到多少？

六、某站 5 月停时指标为 8.5 h，至 29 日 18:00 累计完成作业次数 250 次，停时 8.6 h，2 138 车小时，根据计划 30、31 日还要装 6 车，卸 4 车。

试问最后两日的停时最多不可超过多少才能保证完成当月计划停时指标？

七、A 中间站采用号码制方法统计货车停留时间，4 月 22 日运统 8 的有关资料摘录见表 5-26，要求填完表格，计算 22 日每车平均停留时间、入线前停留时间、站线作业停留时间、出线后停留时间和停时。

表 5-26 运统 8 摘录

货车		到达		调入站线		站线作业完了		发出			作业种类	作业车停留时间	货物作业过程别		
车号	车次	月日	时分	月日	时分	月日	时分	车次	月日	时分			入线前时间	站线作业时间	出线后时间
C4000942	33101	21/4	9:10	21/4	10:25	21/4	11:45	33102	22/4	6:15	卸				
P3131673	33101	21/4	9:10	21/4	14:05 10:15	21/4	16:05 12:05	33103	22/4	4:35	双				
C3043956	33104	22/4	8:00	22/4	10:05	22/4	12:05	33105	22/4	14:35	装				
C4003949	33104	22/4	8:00	22/4	12:45 9:55	22/4	15:35 11:35	33109	22/4	17:55	双				
P3038552	33104	22/4	8:00	22/4	12:45 9:55	22/4	16:38 11:35								
合计															
调整															
进整															

第六章 车站通过能力与改编能力

车站通过能力和改编能力是铁路通过能力的重要组成部分。为了适应运量的需求，协调车站各项设备之间的作业，查出车站设备和作业组织上的薄弱环节，科学合理地运用各项技术设备组织运输生产，必须查定和计算车站通过能力和改编能力。这是车站技术管理的一项重要内容，也是车站行车组织工作的一项重要任务。

第一节 概 述

一、车站通过能力与改编能力

（一）定 义

1. 车站通过能力

车站通过能力是指车站在现有设备条件下，采用先进合理的技术作业过程，车站咽喉道岔及到发线于一昼夜内所能通过或接发各方向的货物列车数及运行图规定的旅客列车数（客运站通过能力是旅客列车数及运行图规定的货物列车数）。

车站通过能力包括咽喉通过能力和到发线通过能力。

2. 车站改编能力

车站改编能力是指在合理使用技术设备条件下，车站的固定调车设备（驼峰、牵出线以及车场的调车线路），一昼夜内所能解体和编组各方向的货物列车数或车数。

车站改编能力包括驼峰解体能力和调车场尾部编组能力。

（二）查定和计算车站能力的目的

（1）确定新建车站的能力是否满足计算年度运量的需求；

（2）为了有效利用现有的技术设备，正确地组织列车接发，合理分配列车解编任务；

（3）查明车站设备和作业组织中的薄弱环节，挖掘设备潜力、提高作业效率和加强车站能力；

（4）查明车站各项设备之间以及车站与区间通过能力之间是否协调，以便制定加强措施。

（三）影响车站能力的主要因素

（1）车站现有设备情况，如站场类型和咽喉进路布置、到发线数量和有效长、调车设备类型和数量、信号联锁闭塞设备类型等。

（2）车站作业组织情况，如各种列车的技术作业过程，所采用的工作方法，各项作业占用设备的时间标准，各车场分工和线路固定用途等。

（3）车站办理各方向的列车种类和数量、计划行车量的分配方案等。

（4）货物列车到发的均衡程度。货物列车到发的不均衡性与列车运行图及车站衔接方向数有关，随着不均衡性的增加，车站通过能力将会降低。

（5）到发线的空费时间。到发线一昼夜不能被用来接发列车的空闲时间称为空费时间，它是由于列车到发的不均衡、列车各作业环节不紧密等原因造成的。

（四）占用车站设备的各种作业

各种因素对车站能力的影响基本上可以集中表现在各项作业占用设备的次数和每次占用的时分两项数字上。这两项数字是计算车站能力的原始数据，为了合理计算车站能力，应将占用设备的全部作业划分为主要作业和固定作业两类。

1. 主要作业

对于技术站而言，主要作业是与货物列车直接有关的作业，包括货物列车的到达、解体、编组、出发、转线、本务机车出入段等作业。

这一类作业占用设备的次数多，随行车量的变化其数量增减也较大。

2. 固定作业

固定作业是指与货物列车行车量增减无关的作业，计算技术站的车站通过能力与改编能力时，以下各项作业按固定作业计算：

（1）旅客列车到达、出发、车底调移及其本务机车出入段等作业；

（2）摘挂列车的编组作业；

（3）向车辆段、机务段和货物装卸地点定时取送车辆的作业；

（4）调车组和机车乘务组交接班、吃饭及调车机车的整备作业。

（五）计算方法

计算车站通过能力和改编能力的方法有以下三种：

1. 直接计算法

当某项技术设备担当的作业种类单一时，可采用直接计算法计算该项设备完成这种作业的能力。

直接计算法的基本计算原理为：

$$某项设备的能力 = \frac{该项设备一昼夜可供使用的总时间(考虑一定的空费)}{平均完成一次作业占用该项设备的时间标准}$$

2. 利用率计算法

当某项技术设备担当的作业种类不单一时，应采用利用率计算法计算该项设备完成各种作业的能力。

利用率法计算法的基本计算原理为：

（1）计算该项设备完成规定的各种主要作业的能力利用率：

$$某项设备的能力利用率=\frac{一昼夜完成各种规定的主要作业占用该项设备的总时间}{该项设备一昼夜可供完成主要作业使用的总时间（考虑空费）}$$

（2）计算该项设备完成某项主要作业的能力：

$$完成某项主要作业的能力=\frac{目前该项设备按规定承担该项主要作业的任务量}{该项设备的能力利用率}$$

3. 计算机模拟法

计算机模拟法以排除论为理论基础，以计算机模拟为基本手段，把列车到、解、编、发各项作业过程作为一个相互关联的排队系统，模拟输出计算车站通过能力和改编能力有关参数的回归方程，然后计算出既有车站的能力。这是解决多因素问题求解的比较先进的方法。它不但克服了上述两种方法的缺陷，而且还可以解决车站与区间之间、车站内各项技术设备之间的协调问题，是车站能力计算方法的发展方向。

在实际查定和计算设备能力时，由于利用率计算法能反映出完成规定任务的情况下，车站各项设备的利用程度，因此，这是目前计算车站设备能力的基本方法。

当车站通过能力利用率达到 85%，改编能力利用率达到 90%时，应按阶段或小时计算能力并绘制车站工作日计划图进行验算分析，采取加强能力的措施。这种方法即为图解分析计算法。

（六）计算精度要求

（1）能力利用率 K：保留两位小数，第三位四舍五入；

（2）作业时间标准：保留一位小数，第二位四舍五入；

（3）按方向别和列车种类别计算的能力值，以列数表示时：保留一位小数，第二位四舍五入；以辆数表示时，小数点后全舍不计。

二、车站到发车流及其特征

作为车站主要作业对象的车流，无论其流量、流向、不同性质车流的比重以及其组织方法等，对于车站的技术作业、设备运用以及车站能力都有重大的影响。通过分析车站到发车流，掌握其变化的规律，可以合理地制定车站技术设备使用方案和技术作业过程，从而科学地计算车站能力，或者针对某些作业环节、某项设备运用做出调整措施，强化车站能力，以适应一定时期的车流特征，保证车站运输生产的顺利进行。因此，分析车站到发车流，是计算和强化车站通过能力与改编能力的重要依据。

车站的车流量是指在一定时期内，站内车辆的去向（流向）和数量（流量）的总称。车站行车量是指车站每昼夜所办理的货物列车和旅客列车的列数或车数。当列车编组计划、列车运行图发生改变时，应重新选定计划车流量和行车量，选定的计划车流应以表格形式呈现，即为车站的车流汇总表。车流分析可依据车站的车流汇总表进行。

车流汇总表的格式根据每个车站的具体情况不同而不尽相同，但是结构组成大同小异，包括每支车流的来向和去向（即由、往）；每支车流的总流量及分别有调和无调的流量大小；终到本站的重空车流的大小；由本站始发的重空车流的大小等。

利用车流汇总表可以分析车站的工作性质及任务，研究车流的特征和变化规律，为制定和调整车站技术设备运用方案提供依据。

【例 6-1】 乙站在路网上的位置如图 6-1 所示，乙站计划车流如表 6-1 所示。

根据车流汇总表应计算的数据主要包括以下几项：

（一）车站办理车数（$N_\text{办}$）

车站办理车数 = 接入重空车总数 + 发出重空车总数

$$N_\text{办} = N_\text{重空}^\text{接} + N_\text{重空}^\text{发} \text{（车）}$$

式中 $N_\text{重空}^\text{接}$——接入重空车总数，车；

$N_\text{重空}^\text{发}$——发出重空车总数，车。

本例中乙站的车站办理车数为：

$$N_\text{办} = (985 + 35 + 1\,025) + (1\,000 + 985 + 60) = 2\,045 + 2\,045 = 4\,090 \text{（车）}$$

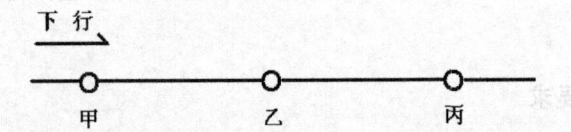

图 6-1 乙站在路网上的位置示意图

表 6-1 乙站车流汇总表（分子为重车，分母为空车）

由＼往		甲 方 向			丙 方 向			终到本站	合 计
		甲—乙	甲及其以远	计	乙—丙	丙及其以远	计		
甲方向	无调车	——	——	——	——	540	540	——	540
	有调车	——	——	——	60	360/25	420/25	25/10	445/35
	计	——	——	——	60	900/25	960/25	25/10	985/35
丙方向	无调车	——	540	540	——	——	——	——	540
	有调车	65	360	425	——	——	——	60	485
	计	65	900	965	——	——	——	60	1 025
本 站 始 发		15	20	35	5	20/35	25/35		60/35
合 计		80	920	1 000	65	920/60	985/60	85/10	

（二）中转重车数（$N_\text{重}^\text{中}$）

中转重车数即在本站不进行装卸作业的重车总数：

中转重车数 = 无调中转重车数 + 有调中转重车数

$$N_{重}^{中}=N_{重}^{无}+N_{重}^{有}（车）$$

式中　$N_{重}^{无}$——无调中转重车数，车；

　　　$N_{重}^{有}$——有调中转重车数，车。

本例中乙站的中转重车数为：

$$N_{重}^{中} = (540 + 540) + (420 + 425) = 1\,080 + 845 = 1\,925（车）$$

（三）中转空车数（$N_{空}^{中}$）

中转空车数即在本站不进行装卸作业的空车总数：

中转空车数 = 无调中转空车数 + 有调中转空车数

$$N_{空}^{中}=N_{空}^{无}+N_{空}^{有}（车）$$

式中　$N_{空}^{无}$——无调中转空车数，车；

　　　$N_{重}^{有}$——有调中转空车数，车。

由于本站可能利用到达的空车先装车，而后用卸后的空车顶替排出，若在车流汇总表中无法直接查出有调中转空车数和无调中转空车数时，则中转空车数可近似地取接入和发出空车数中较小者的数值。

本例中乙站的中转空车数为：

$$N_{空}^{中} = 0 + 25 = 25（车）$$

（四）装、卸车数与接、排空车数

终到站为本站的重车需要在本站进行卸车，由本站始发的重车需要在本站进行装车，但是本站货物作业车数并不一定等于卸车数加装车数，如果卸后空车全部用于装车，则作业车数与卸车数相等；如果除了卸后空车用于装车外，还补充使用了其他空车进行装车，则作业车数为卸车数与补充装车的空车数之和；如果卸后空车全部排走，装车所用空车全部使用其他空车，则作业车数为卸车数与装车数之和。

因此通过车流汇总表很难确定本站货物作业车数，但是可以确定本站的装卸车数。

本例中：乙站装车数 $U_{装}$：35 + 25 = 60（车），卸车数 $U_{卸}$：25 + 60 = 85（车），接入空车数 $N_{空}^{接}$：25 + 10 = 35（车），排出空车数 $N_{空}^{排}$：25 + 35 = 60（车）。

（五）无调车数 $N_{无}$ 和有调车数（改编车数）$N_{改}$

无调车是指在本站不进行调车作业的运用货车，无调中转车即为无调车，但有调车并不完全等于有调车中转车，因为到达本站卸的货车是货物作业车，但也需在站进行调车作业，所以货物作业车也属有调车。

无调车和改编车流量的大小在很大程度上取决于列车编组计划规定的列车开行方案，对车站而言，无调中转列车数越多，车站的无调车数也越多，有调车数相对就越少，改编作业量也越小，对调车设备的要求也越低。

$$N_无 = N_重^无 + N_空^无 （车）$$

本例中无调中转车数为：$N_无 = 1\,080 + 0 = 1\,080$（车）

$$N_改 = N_重^有 + N_空^有 + U_卸 + \Delta N_空 （车）$$

式中　$\Delta N_空$——本站装车用的补充空车数，在接入空车数大于通过空车数时，取两者之差，否则取零。

本例中有调车数为：$N_改 = 845 + 25 + 85 + 10 = 965$（车）

（六）无调比 $\alpha_无$ 和有调比 $\alpha_改$

无调比和有调比分别为无调车数、有调车数在接入总车流中所占的比重。若无调车比重在一半以上，一般认为该站车流具有区段站车流特征；若有调车比重在一半以上，则认为该站车流具有编组站车流特征。

$$\alpha_无 = \frac{N_无}{N_{重空}^{接}}$$

本例中无调中转车占总车数的比重 $\alpha_无$ 为：$\alpha_无 = 1\,080/2\,045 = 52.8\%$

$$\alpha_改 = \frac{N_改}{N_{重空}^{接}}$$

本例中有调车数占总车数的比重 $\alpha_改$ 为：$\alpha_改 = 965/2\,045 = 47.2\%$

第二节　咽喉道岔组通过能力

车站每端咽喉都有多个道岔或道岔组，其中某方向接、发列车进路上最繁忙的道岔组称为咽喉道岔组，咽喉道岔组的通过能力最低，其通过能力即为该进路的咽喉通过能力。如果有多个平行进路的咽喉通过能力，各进路能力之和即为该端咽喉的通过能力。

咽喉道岔组通过能力是指某方向接、发列车进路上最繁忙的道岔组一昼夜能够接、发该方向的货物列车数和运行图规定的旅客列车数。

一、确定咽喉道岔组

计算车站咽喉通过能力，首先应该在众多的道岔中确定最繁忙的那一组，即先确定咽喉道岔组。

【例 6-2】　图 6-2 为乙站丙方向咽喉区示意图，机务段设在第Ⅲ象限；根据乙站车流汇总表的数据，该站甲、丙方向行车量均为：直通货物列车 12 对，区段列车 9 对，摘挂列车 2

对；图定旅客列车 8 对；经查定各项作业占用道岔组的时间标准如表 6-2 所示；无调中转列车和旅客列车在乙站进行本务机车换挂；该端调车机车担当解体及货场取送任务；调机每昼夜入段整备两次，货场定时取送 6 次。乙站线路固定使用方案：1 道接发旅客列车，3、4 道接发无调中转货物列车，5 道为机车走行线，6、7 道接发到达解体货物列车和自编始发货物列车。

根据上述条件确定乙站丙端咽喉道岔组。

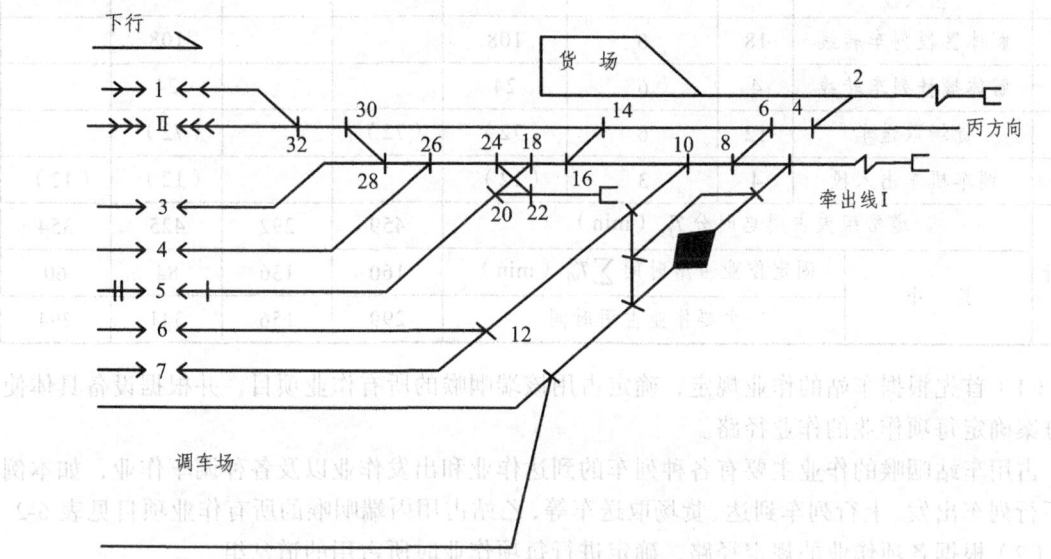

图 6-2 乙站丙方向咽喉区示意图

确定咽喉道岔组可利用表格进行，表格形式见表 6-2。

表 6-2 乙站丙端咽喉区道岔组占用时间计算表

顺序	作业进路名称	占用次数	每次占用时分（min）	总占用时分（min）	各道岔组占用时分（min） ②	④	⑥	⑧
1	下行旅客列车出发	8	5	(40)	(40)	(40)		
2	上行旅客列车到达	8	6	(48)	(48)	(48)		
3	下行无调中转列车出发	12	6	72	72	72		72
4	上行无调中转列车到达	12	7	84	84	84		84
5	下行区段列车出发	9	6	54	54		54	
6	上行区段列车到达	9	7	63	63		63	
7	下行摘挂列车出发	2	6	12	12		12	
8	上行摘挂列车到达	2	7	14	14		14	
9	下行旅客列车机车出入段	16	3	(48)		(48)	(48)	
10	下行直通列车机车出入段	24	3	72				72

续表

顺序	作业进路名称	占用次数	每次占用时分（min）	总占用时分（min）	各道岔组占用时分（min） ②	④	⑥	⑧
11	下行区段列车机车出入段	18	3	54			54	54
12	下行摘挂列车机车出入段	4	3	12			12	12
13	解体区段列车转线	18	6	108			108	
14	解体摘挂列车转线	4	6	24			24	
15	货场取送车	12	6	(72)	(72)		(72)	
16	调车机车出入段	4	3	(12)			(12)	(12)
合计	道岔组被占用总时分 $T_{总}$（min）				459	292	425	354
	其中 固定作业占用时间 $\sum T_{固}$（min）				160	136	84	60
	主要作业占用时间				299	156	341	294

（1）首先根据车站的作业规定，确定占用该端咽喉的所有作业项目，并根据设备具体使用方案确定每项作业的作业径路。

占用车站咽喉的作业主要有各种列车的到达作业和出发作业以及各种调车作业，如本例中下行列车出发、上行列车到达、货场取送车等，乙站占用丙端咽喉的所有作业项目见表 6-2。

（2）根据各项作业的规定径路，确定进行每项作业时所占用的道岔组。

如本例中下行旅客列车出发时占用了 32、30、14、6、4 号道岔，下行无调中转列车由 4 道出发时占用了 26、24、18、16、14、6、4 号道岔等。

（3）根据规定完成的各项作业的作业量确定每项作业占用相关道岔组的次数。

如本例中上行旅客列车到达占用 8 次，下行无调中转列车出发占用 12 次，旅客列车机车入段 8 次出段 8 次等。

（4）确定各项作业每次占用道岔的时间标准。

根据某项作业每次占用道岔组的时间标准和该项作业占用道岔组的次数，即可确定该项作业一昼夜占用道岔组的总时间。

确定各项作业占用道岔的时间标准应保留一位小数，第二位四舍五入。

占用咽喉道岔的作业分为接车占用、发车占用和调车占用三种：

1. 接车占用咽喉道岔的时间 $t_{接车}$

$$t_{接车} = t_{准} + t_{进} \text{（min）}$$

式中　$t_{准}$——准备进路（包括开放信号）的时间，电气集中设备为 0.1 ~ 0.15 min；

$t_{进}$——列车通过进站距离的时间，指自接车进路准备完毕时起至接车进路上道岔解锁时止的一段时间，min。

2. 发车占用咽喉道岔的时间 $t_{发车}$

$$t_{发车} = t_{准} + t_{出} \text{（min）}$$

式中　$t_出$——列车通过出站距离的时间,指自发车进路准备完毕后列车起动时起至发车进路上道岔解锁时止的一段时间,min。

3. 调车占用咽喉道岔组的时间

(1)解体转线占用咽喉道岔组的时间 $t_牵$。

$t_牵$ 是指自准备到达解体车列由到发线向牵出线牵出转线进路时起,至进路上道岔解锁时止的一段时间。可用查定方法或按下式计算:

$$t_牵 = t_准 + 0.06\frac{L_牵}{v_牵} \quad (\text{min})$$

式中　$L_牵$——车列牵出时行经的距离,m;
　　　$v_牵$——车列牵出的平均速度,km/h。

(2)编组转线占用咽喉道岔组的时间 $t_转$。

$t_转$ 是指自准备编成车列由牵出线向到发线的转线进路时起,至进路解锁时止的一段时间。可采用查定方法或按下式计算:

$$t_转 = t_准 + 0.06\frac{L_转}{v_转} \quad (\text{min})$$

式中　$L_转$——车列转线时走行的距离,m;
　　　$v_转$——车列转线的平均速度,km/h。

(3)取车(送车)占用咽喉道岔组的时间 $t_{取(送)}$。

$t_{取(送)}$ 是指自准备取(送)车进路时起,至进路上道岔解锁时止的一段时间。可采用写实查定的方法确定。

(4)机车出、入段占用咽喉道岔组的时间 $t_机$。

$t_机$ 是指自准备机车出(入)段进路时起至进路上道岔解锁时止的一段时间,包括机车出段占用和入段占用。可采用写实的方法查定。

(5)妨碍占用咽喉道岔组的时间。

某项作业占用了作业径路上的有关道岔,但并未占用本道岔却需停止使用本道岔的时间称为妨碍占用时间。

为了较为合理地计算咽喉道岔组的通过能力,不仅要考虑各种作业实际占用咽喉道岔的时间,而且还要考虑咽喉道岔被妨碍占用的时间。

咽喉道岔被妨碍占用的时间可以分为直接妨碍时间和间接妨碍时间两种:

① 直接妨碍时间。当开通敌对进路,使咽喉道岔在定、反位两个方向,均有中断使用的时间,这项时间叫做咽喉道岔的直接妨碍时间。如图6-3所示,当调车作业(一)由1道经由44、42、40、38号道岔横切1、2道进行调车时,致使36、34号道岔无论定、反位均中断使用,对36、34号道岔而言这项中断使用时间就是直接妨碍时间。

② 间接妨碍时间。当开通敌对进路,使该咽喉道岔只有定位或反位一个方向需中断使用,另一个方向没有影响,这项中断时间叫做间接妨碍时间。如图6-3中当调车作业(二)由2

道经由 42、40、38 号道岔进行作业时，不影响 34 号道岔定位的使用，只影响 34 号反位使用，这项 34 号反位的中断使用时间叫做间接妨碍时间。

对咽喉道岔各项妨碍时间，可根据写实资料确定。

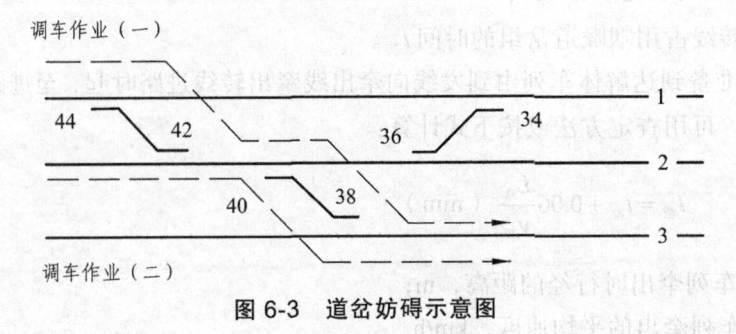

图 6-3　道岔妨碍示意图

（5）将咽喉道岔分组。

要从咽喉区众多的道岔中找到最繁忙的那一组，需要逐个道岔进行计算，工作量是非常大的。经过分析可知，有些道岔是不能同时被两项作业分别占用的，这些道岔只要有一付被某项作业占用，其他道岔也同时被这项作业占用，只要把它们当成一组来计算即可，没必要再逐个计算。因此，确定咽喉道岔组时可通过对咽喉区的道岔进行分组，以减少计算工作量。另外，一些明显不可能成为或不应该成为最繁忙道岔的也可以不必进行计算。

对道岔进行分组的一般原则是：

不能被两条进路同时分别占用的道岔应合并为一组，能被两条进路同时分别占用的道岔则应分成两组。如：同一条直线梯线上的道岔应并为一组，同一条渡线两端的道岔应分开，两个背向布置的道岔应分开，两个对向布置的道岔应并为一组，等等。

常见道岔分组情况如图 6-4 所示。

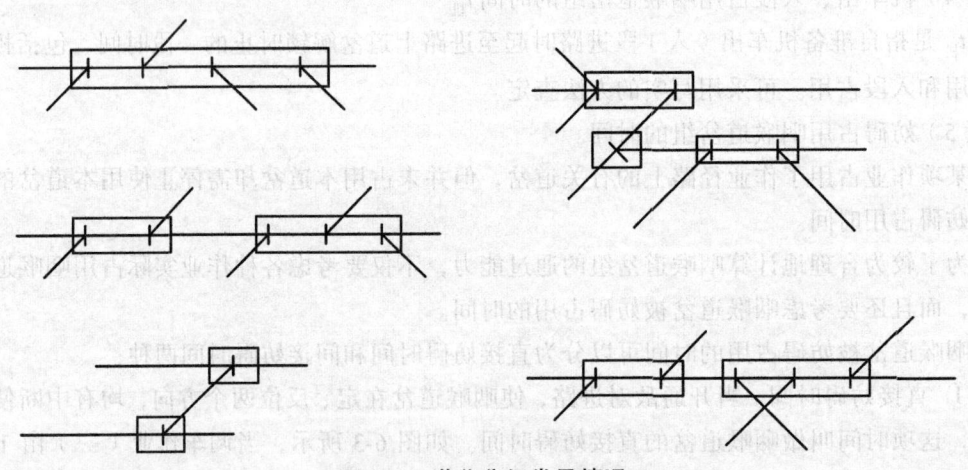

图 6-4　道岔分组常见情况

综上所述，本例中可将丙端咽喉区的道岔划分为四个主要的道岔组，如图 6-5 中②、④、⑥、⑧所示。

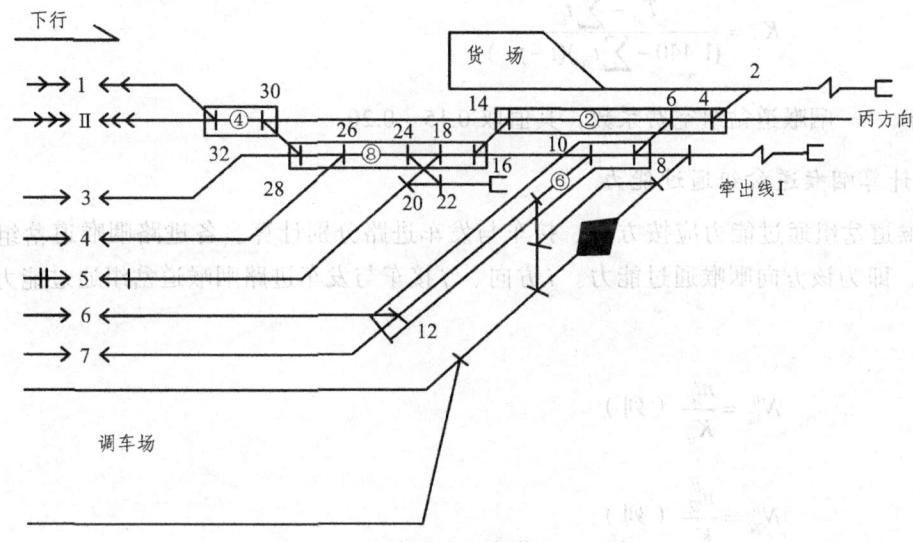

图 6-5　乙站丙端咽喉道岔分组情况

（6）将各组道岔一昼夜被各项作业占用的总时间分别计算加总，经过比较，其中一昼夜被各项作业占用时间最长的那组道岔就是最繁忙道岔组，即咽喉道岔组。

一昼夜所有规定作业占用某组道岔的总时间 $T_{总}$ 可按下式计算：

$$T_{总} = n_{接}t_{接车} + n_{发}t_{发车} + n_{机}t_{机} + \sum t_{调} + \sum t_{妨} + \sum t_{固} \quad (\text{min})$$

式中　$n_{接}$、$n_{发}$ ——接入、发出占用该道岔组的货物列车数；

　　　$n_{机}$、$t_{机}$ ——占用该道岔组的单机数及每次占用时间（包括在 $\sum t_{固}$ 中的除外），min；

　　　$\sum t_{调}$ ——调车作业占用该道岔组的总时分（包括在 $\sum t_{固}$ 中的除外），min；

　　　$\sum t_{妨}$ ——由于列车、调车和机车占用与该道岔组有关进路上的道岔，而需要停止使用该道岔组的总时间，min；

　　　$\sum t_{固}$ ——固定作业占用该道岔组的总时间，min。

本例中丙端咽喉最繁忙的道岔为⑥号道岔组，如表 6-2 所示。

表 6-2 中括号内的数字表示固定作业占用的时间，"□"内的数字表示妨碍作业占用的时间，由于固定作业而产生的妨碍时间，应计入固定作业时间内。

二、计算咽喉道岔组通过能力

由于接车、发车、调车都需要占用咽喉道岔组，因此咽喉道岔组完成的作业种类并不是单一的，计算咽喉道岔组通过能力时一般可采用利用率计算法。

利用率计算法的步骤及方法如下：

1. 计算咽喉道岔组通过能力利用率 K

各道岔组通过能力利用率应按方向、接车与发车进路分别计算。i 方向、j 接车或发车进路道岔组利用率 K_{ij} 为：

$$K_{ij} = \frac{T_{总} - \sum t_{固}}{(1\,440 - \sum t_{固})(1 - \gamma_{空})}$$

式中　$\gamma_{空}$——咽喉道岔组空费系数，其值取 0.15~0.20。

2. 计算咽喉道岔组通过能力

咽喉道岔组通过能力应按方向、接车与发车进路分别计算。各进路咽喉道岔组通过能力之和，即为该方向咽喉通过能力。i 方向、j 接车与发车进路咽喉道岔组通过能力计算公式为：

$$N_{接}^{ij} = \frac{n_{接}^{ij}}{K_{ij}}（列）$$

$$N_{发}^{ij} = \frac{n_{发}^{ij}}{K_{ij}}（列）$$

式中　$n_{接}^{ij}$、$n_{发}^{ij}$——i 方向、j 进路上按规定接入、发出的货物列车数。

【例 6-3】 以乙站为例，若 $\gamma_{空}$ 取 0.2，计算乙站丙方向咽喉道岔组的通过能力。

解：(1) 计算丙方向咽喉道岔组通过能力利用率。

通过表 6-2 可知，丙方向咽喉道岔组为⑥号道岔组，一昼夜所有规定作业占用⑥号道岔组的总时间 $T_{总}$ 为 425 min，其中固定作业占用时间为 84 min，将各项因素值代入公式即可计算出丙方向咽喉道岔组的通过能力利用率：

$$K_{丙} = \frac{T_{总} - \sum t_{固}}{(1\,440 - \sum t_{固})(1 - \gamma_{空})} = \frac{425 - 84}{(1\,440 - 84)(1 - 0.2)} = 0.31$$

(2) 计算丙方向咽喉道岔组的通过能力。

首先确定按规定丙方向咽喉道岔组一昼夜应接、发的货物列车数：

接入的货物列车数为：无调中转 12 列，到达解体 11 列，共 23 列；

接入的旅客列车数为：8 列；

发出的货物列车数为：无调中转 12 列，自编始发 11 列，共 23 列；

发出的旅客列车数为：8 列。

① 计算丙方向咽喉道岔组接货物列车的能力：

$$N_{接}^{货} = \frac{n_{接}^{货}}{K_{丙}} = \frac{12 + 11}{0.31} = 38.7 + 35.5 = 74.2（列）$$

② 计算丙方向咽喉道岔组发货物列车的能力：

$$N_{发}^{货} = \frac{n_{发}^{货}}{K_{丙}} = \frac{12 + 11}{0.31} = 38.7 + 35.5 = 74.2（列）$$

③ 计算丙方向咽喉道岔组接发货物列车的能力：

$$N_{接发}^{货} = \frac{n_{接发}^{货}}{K_{丙}} = \frac{23+23}{0.31} = 148.4 \text{（列）}$$

④ 计算丙方向咽喉道岔组接发客货列车的能力：

$$N_{接发}^{客货} = \frac{n_{接发}^{货}}{K_{丙}} + n_{接发}^{客} = \frac{23+23}{0.31} + 16 = 148.4 + 16 = 164.4 \text{（列）}$$

第三节 到发线通过能力

到发线通过能力是指办理列车到发作业的线路，于一昼夜所能接、发各方向的货物列车数和运行图规定的旅客列车数。

到发线通过能力包括货物列车到发线和旅客列车到发线通过能力。技术站、货运站主要计算货物列车到发线通过能力，客运站则主要计算旅客列车到发线通过能力。

由于到发线用于接发各种类型的列车，因此计算到发线通过能力一般也应采用利用率计算法进行计算。

一、计算到发线通过能力利用率 K

$$K = \frac{T_{总} - \sum t_{固}}{(1\,440 m_{到发} - \sum t_{固})(1 - \gamma_{空})}$$

式中 $T_{总}$——一昼夜全部作业占用到发线的总时间；

$\gamma_{空}$——到发线空费系数，其值取 0.15～0.20；

$m_{到发}$——可用于接发列车的到发线数（不包括正线）。

（一）计算一昼夜全部作业占用到发线的总时间 $T_{总}$

$$T_{总} = n_{中}t_{中占} + n_{部}t_{部占} + n_{解}t_{解占} + n_{编}t_{编占} + n_{机}t_{机占} + \sum t_{固} + \sum t_{其他} \text{（min）}$$

式中 $n_{中}$、$n_{部}$、$n_{解}$、$n_{编}$、$n_{机}$——分别为占用到发线的无调中转、部分改编中转、到达解体及编组始发列车数和单机数（列）；

$t_{中占}$、$t_{部占}$、$t_{解占}$、$t_{编占}$——分别为无调中转货物列车、部分改编中转货物列车、到达解体列车、编组始发列车占用到发线的时间标准（min）；

$t_{机占}$——接、发图定货物列车单机占用到发线的总时间，min；

$\sum t_{固}$——固定作业占用到发线的总时间，min；

$\sum t_{其他}$——其他作业占用到发线的总时间，包括机车走行线能力不足或未设走行线时机车出入段占用、合理的坐编占用时间等，min。

（二）确定各种列车占用到发线的时间标准

1. 无调中转货物列车占用到发线的时间标准 $t_{中占}$

$$t_{中占} = t_{接车} + t_{停} + t_{出} \text{（min）}$$

式中　$t_{停}$——无调中转货物列车在到发线上进行无调中转列车作业停留的时间，指自列车到达停妥时起，至列车出发起动时止的时间，min。

2. 部分改编中转货物列车占用到发线的时间标准 $t_{部占}$

$$t_{部占} = t_{接车} + t'_{停} + t_{出} \text{（min）}$$

式中　$t'_{停}$——部分改编中转货物列车在到发线上进行部分改编中转作业停留的时间，指自列车到达停妥时起，至列车出发起动时止的时间，min。

3. 到达解体列车占用到发线的时间标准 $t_{解占}$

$$t_{解占} = t_{接车} + t''_{停} + t_{转} \text{（min）}$$

式中　$t''_{停}$——到达解体列车在到发线上进行到达作业停留的时间，指自列车到达停妥时起，至列车转线或推峰起动时止的一段时间，min；
　　　$t_{转}$——解体列车转线或推峰占用到发线的时间，指自车列转线或推峰起动时起，至腾空该到发线时止的一段时间，min。

4. 编组始发列车占用到发线的时间标准 $t_{编占}$

$$t_{编占} = t'_{转} + t'''_{停} + t_{出} \text{（min）}$$

式中　$t'_{转}$——编组转线占用到发线的时间，指自准备转线调车进路时起，至整个车列转入发车线警冲标内方停妥时止的一段时间，min；
　　　$t'''_{停}$——编组始发列车在到发线上进行出发作业停留的时间，指自车列转入发车线警冲标内方停妥时起，至列车出发起动时止的一段时间，min。

5. 单机占用到发线的时间标准 $t_{机占}$

按运行图规定，接发单机占用到发线的时间 $t_{机占}$ 可采用写实的方法查定。

旅客列车占用到发线的时间标准所包含的时间因素与货物列车相同，如途经的旅客列车同无调中转货物列车，终到的旅客列车同到达解体货物列车，始发的旅客列车同编组始发货物列车。

二、计算货物列车到发线的通过能力

货物列车到发线的通过能力应按方向别分别计算接车和发车能力。到发场接、发 i 方向货物列车的到发线通过能力为：

$$N_{接}^i = \frac{n_{接}^i}{K} \text{（列）}$$

$$N_{发}^i = \frac{n_{发}^i}{K} \text{（列）}$$

式中 $n_{接}^i$、$n_{发}^i$——列入计算的 i 方向接入、发出的货物列车数。

【例 6-4】 以乙站为例，到发场线路固定使用方案及行车量与咽喉通过能力计算的资料相同，各项作业占用到发线的时间标准见表 6-3，$\gamma_{空}$ 取 0.15。计算乙站货物列车到发线的通过能力。

表 6-3 各项作业占用到发线时间标准（min）

时间标准 列车种类	$t_{接车}$	$t_{停}$	$t_{出}$	$t_{转}$	合计
无调中转列车	7	45	5		57
解体列车	7	40		6	53
始发列车		30	5	6	41
旅客列车	6	12	5		23

解：

（1）确定货物列车到发线数量。

从图 6-2 和已知资料可知，乙站 3、4、6、7 道可用于接发货物列车，因此货物列车到发线数量为 4 条。

（2）计算一昼夜各种列车占用到发线的总时间。

根据行车量资料可知，乙站需占用到发线接发的列车包括 12 对无调中转货物列车、8 对途经的旅客列车、22 列到达解体列车和 22 列编组始发列车，其中旅客列车不占用货物列车到发线接发，即对货物列车到发线而言，固定作业占用时间为 0，因此：

$$T_{总} = n_{中}t_{中占} + n_{部}t_{部占} + n_{解}t_{解占} + n_{编}t_{编占} + n_{机}t_{机占} + \sum t_{固} + \sum t_{其他}$$
$$= 24 \times 57 + 0 + 22 \times 53 + 22 \times 41 + 0 + 0 + 0 = 3\,436\,(\text{min})$$

（3）计算货物列车到发线的通过能力利用率。

$$K = \frac{T_{总} - \sum t_{固}}{(1\,440 m_{到发} - \sum t_{固})(1-\gamma_{空})} = \frac{3\,436 - 0}{(1\,440 \times 4 - 0)(1-0.15)} = 0.70$$

（4）计算货物列车到发线通过能力。

① 计算乙站货物列车到发线一昼夜接丙方向货物列车的能力：

$$N_{接}^{丙} = \frac{n_{接}^{丙}}{K} = \frac{23}{0.70} = 32.8\,(\text{列})$$

② 计算乙站货物列车到发线一昼夜发丙方向货物列车的能力：

$$N_{发}^{丙} = \frac{n_{发}^{丙}}{K} = \frac{23}{0.70} = 32.8 \text{（列）}$$

③ 计算乙站货物列车到发线一昼夜接发丙方向货物列车的能力：

$$N_{接发}^{丙} = \frac{n_{接发}^{丙}}{K} = \frac{46}{0.70} = 65.7 \text{（列）}$$

④ 计算乙站货物列车到发线一昼夜接发各方向货物列车的能力：

$$N_{接发}^{甲、丙} = \frac{n_{接发}^{甲、丙}}{K} = \frac{46+46}{0.70} = 131.4 \text{（列）}$$

第四节 车站改编能力

车站改编能力应按驼峰或牵出线分别计算，当驼峰或牵出线担当的调车作业比较单一时，多采用直接计算法；反之，则可采用利用率计算法。

一、驼峰解体能力

驼峰在现有技术设备、作业组织方法及调车机车数量条件下，一昼夜能够解体的货物列车数或车数，称为驼峰的解体能力。主要担当解体作业的驼峰，其解体能力可根据不同的作业方案，采用直接计算法进行计算。

1. 使用一台调车机车采用单推单溜作业方案时的解体能力 $N'_{解}$

$$N'_{解} = \frac{(1\,440 - \sum t'_{固})(1-\alpha_{空})}{t'_{单解占}} \text{（列）}$$

$$B'_{解} = N'_{解} m_{解} \text{（辆）}$$

式中 $\alpha_{空}$ ——驼峰空费系数，由于列车到达不均衡、作业间不协调以及设备故障等原因所引起的驼峰无法利用的空费时间（不包括调车组交接班等驼峰作业中断期间内产生的空费）占一昼夜时间的比重，一般采用 0.03~0.05；

$\sum t'_{固}$ ——一台调机单推单溜的固定作业时间，其计算方法为：

$$\sum t'_{固} = \sum t_{交接} + \sum t_{吃饭} + \sum t_{整备} + \sum t_{客妨} + \sum t_{占}^{取送}$$

其中 $\sum t_{交接}$、$\sum t_{吃饭}$ ——调车组和乘务组的交接班、吃饭时间，min；

$\sum t_{整备}$ ——一台机车一昼夜的整备时间，min；

$\sum t_{客妨}$ ——一昼夜旅客列车横切峰前咽喉妨碍驼峰解体的时间，min；

$\sum t_{占}^{取送}$——列入固定作业的取送等调车作业占用驼峰或中断驼峰使用的时间，min；

$t_{解占}^{单单}$——采用单推单溜作业方案时解体一个车列平均占用驼峰的时间，min，可以按下式计算：

$$t_{解占}^{单单} = t_{空程} + t_{推} + t_{分解} + t_{禁溜} + t_{整场} + t_{妨}$$

其中 $t_{空程}$——调车机车自驼峰作业地点起动时起，经到达场入口咽喉折返与到达场车列连挂并完成试牵引时止的时间，min；

$t_{推}$——驼峰机车推送车列的时间，min；

$t_{分解}$——自车列的第一辆车进入驼峰信号机内方时起，至最后一组车溜出后调车机车停轮时止的纯分解时间，不包括分解过程中产生的进路交叉妨碍时间和解送禁溜车时间，min；

$t_{禁溜}$——每解体一个车列平均摊到的解、送禁溜车的时间，min；

$t_{整场}$——每解体一个车列平均摊到的整场时间，min；

$t_{妨}$——每解体一个车列平均摊到的妨碍时间，min；

$m_{解}$——解体车列的平均编成辆数。

2. 使用两台调车机车采用双推单溜作业方案时的解体能力 $N_{解}''$

$$N_{解}'' = \frac{(1\,440 - \sum t_{固}'')(1-\alpha_{空})}{t_{解占}^{双单}} + \frac{(2\sum t_{整备} + \sum t_{未占}^{取送})(1-\alpha_{空})}{t_{解占}^{单单}} \quad (列)$$

$$B_{解}'' = N_{解}'' m_{解} \quad (辆)$$

式中 $\sum t_{固}''$——两台调机双推单溜的固定作业时间，其计算方法为：

$$\sum t_{固}'' = \sum t_{交接} + \sum t_{吃饭} + 2\sum t_{整备} + \sum t_{客妨} + \sum t_{占}^{取送} + \sum t_{未占}^{取送}$$

其中 $\sum t_{未占}^{取送}$——驼峰调车机车应担当的取送作业中未占用驼峰或未中断驼峰使用的时间，min；

$t_{解占}^{双单}$——采用双推单溜的作业方案时解体一个车列平均占用驼峰的时间，min，其计算公式为：

$$t_{解占}^{双单} = t_{分解} + t_{禁溜} + t_{整场} + t_{妨} + t_{间隔}$$

其中 $t_{间隔}$——驼峰间隔时间，min。

3. 使用三台及以上调机采用双推单溜作业方案时的解体能力 $N_{解}'''$

$$N_{解}''' = \frac{(1\,440 - \sum t_{固}''')(1-\alpha_{空})}{t_{解占}^{双单}} \quad (列)$$

$$B_{解}''' = N_{解}''' m_{解} \quad (辆)$$

式中 $\sum t''_{固}$——三台以上调机采用双推单溜的固定作业时间，其计算公式为：

$$\sum t'''_{固} = \sum t_{交接} + \sum t_{吃饭} + \sum t_{客妨} + \sum t^{取送}_{占}$$

二、调车场尾部编组能力

调车场尾部牵出线在现有技术设备、作业组织方法及调车机车数量条件下，一昼夜能够编组的货物列车数或车数称为峰尾编组能力。

1. 直接计算法

$$N_{编} = \frac{(1\,440M_{机} - \sum t_{固})(1-\alpha_{妨})}{t_{编}} + N_{摘} \quad (列)$$

$$B_{编} = N_{编} m_{编} \quad (辆)$$

式中 $M_{机}$——调车场尾部用于编组的调车机车的台数；

$\sum t_{固}$——尾部调车机车一昼夜的固定作业时间，其计算公式为：

$$\sum t_{固} = \sum t_{交接} + \sum t_{吃饭} + \sum t_{整备} + \sum t_{取送} + \sum t_{摘挂}$$

其中 $\sum t_{取送}$——一昼夜担当取送调车作业的总时间，min；

$\sum t_{摘挂}$——尾部调车机车一昼夜用于编组摘挂列车的总时间，min。

$\alpha_{妨}$——调车机车的妨碍系数，两台调机时取 0.06~0.08，三台调机时取 0.08~0.12；

$t_{编占}$——编组一个车列（不包括编组摘挂列车）平均占用的时间，min；

$N_{摘}$——一昼夜编组的摘挂列车数；

$m_{编}$——编组车列的平均编成辆数。

2. 利用率计算法

$$N_{编} = \frac{n_{编}}{K} + N_{摘} \quad (列)$$

$$B_{编} = N_{编} m_{编} \quad (辆)$$

式中 $n_{编}$——列入计算的每昼夜规定编组的货物列车数（不包括摘挂列车）及交换车总列数；

K——峰尾牵出线编组能力利用率，按下式计算：

$$K = \frac{T_{总} - \sum t_{固}}{(1\,440M_{机} - \sum t_{固})(1-\alpha_{妨})}$$

其中 $T_{总}$——一昼夜峰尾牵出线的总作业时间（不含妨碍时间），min。

三、简易驼峰（或牵出线）改编能力

既担当解体又担当编组作业的简易驼峰或牵出线的改编能力，可以采用利用率计算法，其计算步骤和方法如下：

（1）计算一昼夜占用简易驼峰（或牵出线）的总时间 $T_{总}$。

$$T_{总} = n_{解}t_{解} + n_{编}t_{编} + n_{调}t_{调} + \sum t_{固} + \sum t_{整场} \quad (\min)$$

式中 $n_{解}$、$n_{编}$——简易驼峰或牵出线解体、编组的列车数（不包括编组的摘挂列车），部分改编中转列车按其作业时间折合列数计算；

$t_{解}$、$t_{编}$——解体、编组一个车列（不包括编组的摘挂列车）的作业时间，min；

$n_{调}$、$t_{调}$——除解体、编组作业以外占用驼峰或牵出线的其他调车作业次数及平均每次作业占用时间，min。

（2）计算简易驼峰（或牵出线）改编能力利用率 K。

$$K = \frac{T_{总} - \sum t_{固}}{(1\,440 M_{机} - \sum t_{固})(1 - \alpha_{妨})}$$

（3）计算简易驼峰（或牵出线）改编能力。

$$N_{解} = \frac{n_{解}}{K} \quad (列)$$

$$B_{解} = N_{解} m_{解} \quad (辆)$$

$$N_{编} = \frac{n_{编}}{K} + N_{摘} \quad (列)$$

$$B_{编} = N_{编} m_{编} \quad (辆)$$

四、车站最终改编能力的确定

（1）纵列式编组站驼峰担当解体、尾部牵出线担当编组作业时的改编能力：按经过合理调整峰上、峰尾作业负担后的驼峰解体能力、尾部编组能力二者中较小者的两倍计算。

（2）横列式技术站或两端的简易驼峰和牵出线既编又解时的改编能力：按两端解体、编组能力之和计算。

（3）具有两套解编系统的双向编组站应分别按上、下行系统确定其改编能力，全站的改编能力按两系统改编能力之和计算。

（4）担当重复解体转场车的驼峰，应按含转场车和不含转场车分别表示其解体能力。

【例 6-5】 以乙站为例，丙端设有简易驼峰，配备调机一台，主要担当解体和货场取送作业；甲端设平面牵出线，配备调机一台，主要担当编组和专用线、机务段取送作业。已知一昼夜各项作业次数及每次占用简易驼峰、牵出线的时间见表 6-4、表 6-5。试分别采用直接计算法和利用率计算法计算乙站的改编能力。

表 6-4　简易驼峰占用时间计算表

作业项目	作业次数	每次占用时分（min）	总占用时分（min）总时分	其中固定作业时分	每列平均编成辆数
解体区段列车	18	40	720		45
解体摘挂列车	4	40	160		40
货场取送车	6	30	180	180	
站修线取送	2	15	30	30	
调车场整理	4	10	40		
整备、交接班	2	40	80	80	
吃饭	2	30	60	60	
合计			1 270	350	

表 6-5　牵出线占用时间计算表

作业项目	作业次数	每次占用时分（min）	总占用时分（min）总时分	其中固定作业时分	每列平均编成辆数
编组区段列车	18	35	630		45
编组摘挂列车	4	40	160	160	40
专用线取送车	6	30	180	180	
机务段取送	2	30	60	60	
其他调车	4	15	60		
整备、交接班	2	40	80	80	
吃饭	2	30	60	60	
合计			1 230	540	

解： 分别求出简易驼峰的解体能力和牵出线的编组能力，然后加总即得乙站改编能力。

1. 直接计算法

（1）计算简易驼峰解体能力。

$$t_{解占} = \frac{18 \times 40 + 4 \times 40 + 4 \times 10}{22} = 42 \text{（min）}$$

$$m_{解} = \frac{18 \times 45 + 4 \times 40}{22} = 44 \text{（辆）}$$

$$N_{解} = \frac{(1\,440 M_{机} - \sum t_{固})(1 - \alpha_{空})}{t_{解占}} = \frac{(1\,440 \times 1 - 350)(1 - 0.05)}{42} = 24.7 \text{（列）}$$

$$B_{解} = N_{解} m_{解} = 24.7 \times 44 = 1\,086 \text{（辆）}$$

(2) 计算牵出线编组能力。

$$t_{编占} = \frac{18 \times 35 + 4 \times 15}{18} = 39 \text{ (min)}$$

$$m_{编} = \frac{18 \times 45}{18} = 45 \text{ (辆)}$$

$$N_{编} = \frac{(1\,440M_{机} - \sum t_{固})(1-\alpha_{妨})}{t_{编占}} + N_{摘} = \frac{(1\,440 \times 1 - 540)(1-0.05)}{39} + 4$$
$$= 21.9 + 4 = 25.9 \text{ (列)}$$

$$B_{编} = N_{编} m_{编} = 21.9 \times 45 + 4 \times 40 = 1\,145 \text{ (辆)}$$

(3) 计算乙站的改编能力。

$$N_{改} = N_{解} + N_{编} = 24.7 + 25.9 = 50.6 \text{ (列)}$$

$$B_{改} = B_{解} + B_{编} = 1\,086 + 1\,145 = 2\,231 \text{ (辆)}$$

2. 利用率计算法

(1) 计算简易驼峰解体能力。

$$K = \frac{T_{总} - \sum t_{固}}{(1\,440M_{机} - \sum t_{固})(1-\alpha_{空})} = \frac{1\,270 - 350}{(1\,440 \times 1 - 350)(1-0.05)} = 0.89$$

$$N_{解} = \frac{n_{解}}{K} = \frac{18+4}{0.89} = 24.7 \text{ (列)}$$

$$B_{解} = N_{解} m_{解} = 24.7 \times 44 = 1\,086 \text{ (辆)}$$

(2) 计算牵出线编组能力。

$$K = \frac{T_{总} - \sum t_{固}}{(1\,440M_{机} - \sum t_{固})(1-\alpha_{妨})} = \frac{1\,230 - 540}{(1\,440 \times 1 - 540)(1-0.05)} = 0.81$$

$$N_{编} = \frac{n_{编}}{K} + N_{摘} = \frac{18}{0.81} + 4 = 22.2 + 4 = 26.2 \text{ (辆)}$$

$$B_{编} = N_{编} m_{编} = 22.2 \times 45 + 4 \times 40 = 1\,159 \text{ (辆)}$$

(3) 计算乙站改编能力。

$$N_{改} = N_{解} + N_{编} = 24.7 + 26.2 = 50.9 \text{ (列)}$$

$$N_{改} = N_{解} + N_{编} = 1\,086 + 1\,159 = 2\,245 \text{ (辆)}$$

第五节 提高车站能力的措施

一、车站能力汇总

车站能力是指在现行作业组织方法及调机配备情况下，各车场、驼峰或牵出线及整个车站所具有的通过能力和改编能力。

（一）车站通过能力汇总

汇总车站通过能力的目的在于查明车站咽喉、到发线接发各方向各种列车的能力。车站咽喉区各进路咽喉道岔组通过能力加总后，列入该方向咽喉通过能力。一个方向的列车接入车站的几个车场或从几个车场出发时，各车场该方向到发线通过能力加总后，列入全站该方向到发线通过能力。各方向咽喉、到发线通过能力加总后列入全站的咽喉、到发线通过能力。

例如，根据上面各例计算结果，乙站通过能力汇总见表6-6。

表6-6 乙站通过能力汇总表

方向	接车或发车	号码	咽喉通过能力（列）				到发线通过能力（列）				限制能力（列）				受何限制
			客	货			客	货			客	货			
				有调	无调	计		有调	无调	计		有调	无调	计	
丙	接	⑥	8	35.5	38.7	74.2	8	15.7	17.1	32.8	8	15.7	17.1	32.8	到发线
	发	⑥	8	35.5	38.7	74.2	8	15.7	17.1	32.8	8	15.7	17.1	32.8	
甲	接	①③	8	30.6	33.3	63.9	8	15.7	17.1	32.8	8	15.7	17.1	32.8	
	发	①③	8	30.6	33.3	63.9	8	15.7	17.1	32.8	8	15.7	17.1	32.8	
全站	接		16	68.5	74.7	143.2	16	31.4	34.2	65.6	16	31.4	34.2	65.6	
	发		16	68.5	74.7	143.2	16	31.4	34.2	65.6	16	31.4	34.2	65.6	

注：甲方向咽喉通过能力为假设数字。

（二）车站改编能力汇总

汇总车站改编能力的目的在于查明车站调车设备解体和编组各方向列车的能力。当一个方向的列车由两个及以上的调车设备进行解体或编组时，该方向的改编能力应等于各调车设备该方向的改编能力之和。驼峰、牵出线的改编能力确定后汇总列入全站改编能力。

例如，根据上面各例计算结果，乙站改编能力汇总见表6-7。

表 6-7 乙站改编能力汇总表

驼峰或牵出线名称	解体能力 列	解体能力 辆	编组能力 列	编组能力 辆	改编能力 列	改编能力 辆	调机类型及台数
简易驼峰	24.7	1 086			24.7	1 086	DF_5型 1 台
牵出线			26.2	1 159	26.2	1 159	DF_5型 1 台
全站合计	24.7	1 086	26.2	1 159	50.9	2 245	DF_5型 2 台

注：表中数字是采用利用率计算法的结果。

二、提高车站能力的措施

铁路通过能力直接关系着运输生产过程的实现，而车站通过能力和改编能力是铁路通过能力的重要组成部分。因此，铁路必须科学而有计划地加强车站能力，以保证能够适应国民经济发展和运输市场的需要。

提高车站通过能力和改编能力的措施可分为技术组织措施和改建措施两大类。

（一）技术组织措施

根据车站通过能力和改编能力的计算公式，对影响车站能力的各种因素进行分析，其主要技术组织措施有：

（1）调整车站技术设备使用方案，均衡设备作业负担。

通过调整车场分工和到发线使用方案，重新分配驼峰、牵出线工作，调整调机分工及其作业区域，调整咽喉道岔的作业负担，使各项技术设备的作业负担均衡并减少敌对进路的干扰，从而提高和协调车站咽喉通过能力、到发线通过能力和驼峰、牵出线的改编能力。

例如，根据上述车站通过能力汇总，乙站丙方向咽喉通过能力为接、发各 74.2 列，到发线通过能力为接、发各 32.8 列，丙方向的通过能力受到到发线通过能力的限制。若将 1 道调整为客货列车共用的到发线，则货物列车到发线数量为 5 条，固定作业占用货物列车到发线的时间为：$16 \times 23 = 368$ min，此时：

$$T_{总} = 3\,436 + 368 = 3\,804 \text{（min）}$$

$$\sum t_{固} = 368 \text{（min）}$$

$$K = \frac{T_{总} - \sum t_{固}}{(1\,440 m_{到发} - \sum t_{固})(1 - \gamma_{空})} = \frac{3\,804 - 368}{(1\,440 \times 6 - 368)(1 - 0.15)} = 0.49$$

$$N_{接}^{丙} = \frac{n_{接}^{丙}}{K} = \frac{12 + 11}{0.49} = 24.5 + 22.4 = 46.9 \text{（列）}$$

$$N_{发}^{丙} = \frac{n_{发}^{丙}}{K} = \frac{12 + 11}{0.49} = 24.5 + 22.4 = 46.9 \text{（列）}$$

调整到发线使用方案后，到发线通过能力由原来接、发各 32.8 列提高到各接、发 46.9 列。

可见，能力与行车量的分配（技术设备使用方案）关系很大，通过调整以后，该方向车站通过能力接车与发车各提高了 14.1 列。但必须注意，在到发线通过能力重新调整计算后，应根据新的分配方案对咽喉道岔组的作业占用时分予以验算，检查咽喉通过能力有无变化。同理，当某咽喉道岔组限制了车站通过能力时，亦可通过充分利用平行进路来调整原来的接车、发车和调车进路，减轻该咽喉道岔组的作业负担，以提高车站通过能力。

当驼峰或牵出线的改编能力紧张，或遇车流增大时，可以有计划地调整驼峰、牵出线的作业负担，根据技术设备条件，活用固定线路，合理固定调车作业区域，充分发挥调车设备的效能，提高其改编能力。

（2）压缩各项作业占用技术设备的时间。

采用先进的工作方法，改进各种列车的技术作业过程和调车作业方法，采取解体照顾编组、解体照顾送车、取车照顾编组、解编结合等方法，利用车辆集结过程预编、预检车组等，实现流水作业和最大限度的平行作业，在压缩单项作业时间的同时，减少或消除等待和妨碍作业时间。

（3）改进运输组织工作。

加强车站作业计划与调度指挥工作，根据列车编组内容和到发时间，有预见、有计划地组织车流和装卸作业，合理组织调车机车工作，充分发挥调车机车效率，减少固定作业占用时间。改善车流组织方法，结合车流到发规律，大力组织挂线装车，组织成组装车和直达列车，扩大技术站无调中转列车的比重。改善劳动组织，加强联劳协作，使各部门、各工种之间作业紧密配合，以提高工作效率，大力压缩各种非生产等待时间。

（4）对车站现有设备进行小量技术改造。

在工程量和投资不大的情况下，可在咽喉区增铺或改铺道岔，移设信号机，增加咽喉平行进路，延长牵出线，增加辅助调车机车等，以加强车站通过能力和改编能力。

（二）提高车站能力的改建措施

（1）改造车站咽喉。

通过改进车站咽喉布置，增设联络线，增加平行进路。在必要和可能时，采用立体交叉以疏解列车进路，使各方向客货列车接发、机车出入段、解编和取送调车等能够最大限度地平行作业。

（2）改建或扩建站场线路。

改进车场布置，增加或延长到发线、调车线，分别设置货物列车到达场、出发场，或在办理直通货物列车较多的车站增设直通车场等。

（3）改造现有固定调车设备。

改造牵出线、驼峰设备的平纵断面，增设预推线、禁溜线和尾部牵出线，抬高驼峰高度，采用先进的峰下制动设备，如采用减速器、加减速顶调速设备等。

（4）采用各种新技术，装设先进的信、联、闭设备。

（5）修建自动化驼峰，实现编组站作业自动化，全面提高车站改编能力。

第六节　车站工作日计划图

一、车站工作日计划图的作用

车站工作日计划图是车站对各种列车和车辆在站进行的全部技术作业过程及各项技术设

备运用情况的详细图解。

编制车站工作日计划图的主要作用有：检查车站各项技术作业过程之间、车站作业与列车运行图之间是否协调；设备运用与作业组织是否合理；查明车站作业最繁忙的阶段及薄弱环节，以便针对发现的问题提出解决的办法；确定货车在站停留时间标准、调机台数及车站运用车标准数。

为保证车站各项技术作业过程及其与列车运行图之间的协调配合，当列车编组计划、列车运行图、车站技术设备和技术作业过程发生变更时，应重新编制车站工作日计划图。

二、车站工作日计划图的内容

车站工作日计划图的主要内容包括：
（1）到达和出发列车的车次、时刻及编组内容；
（2）列车占用到发线的情况；
（3）车辆在调车场集结的情况；
（4）牵出线和驼峰被解体、编组及其他作业占用的情况；
（5）调车机车工作的情况；
（6）本站货物作业车在装卸地点停留及取送作业的情况；
（7）列车到发和各种调车作业占用咽喉的情况等。

三、车站工作日计划图的编制方法

车站工作日计划图应根据列车编组计划规定的列车编组内容，列车运行图规定的列车重量、长度和到发时间，车站规定的到发线、调车线的固定使用方案，调机的分工和技术作业过程规定的作业时间标准等资料进行编制。

编制车站工作日计划图所用的车流资料，应以编制列车编组计划的计划车流为基础，以列车运行图满表的运量为依据，结合车流到达规律，通过分析确定具有典型代表性的日均车流。然后，根据各次列车所挂车流，按去向别或车种别的百分比，将日均车流分配给各次到达列车。

调车场内各个去向的日初结存车数，以保证当日各次始发列车都能满轴（摘挂列车和小运转列车除外）为前提，自 18 点开始由前向后逐列推算确定。最后，日末与日初结存车数应相等。

现以区段站乙站为例，说明编制车站工作日计划图的步骤和方法。

第一步：根据车站技术设备及其固定使用方案，设计车站工作日计划图表。

乙站平面布置图、线路固定使用情况如图 6-6 所示。该站丙端设简易驼峰，甲端为牵出线；调 I 机车在简易驼峰作业，负责车列解体、货场取送作业；调 II 机车在牵出线担当列车编组、专用线和机务段车辆的取送作业。甲方向咽喉道岔组为 1，3，5；丙方向咽喉道岔组为 4，6，8，10。

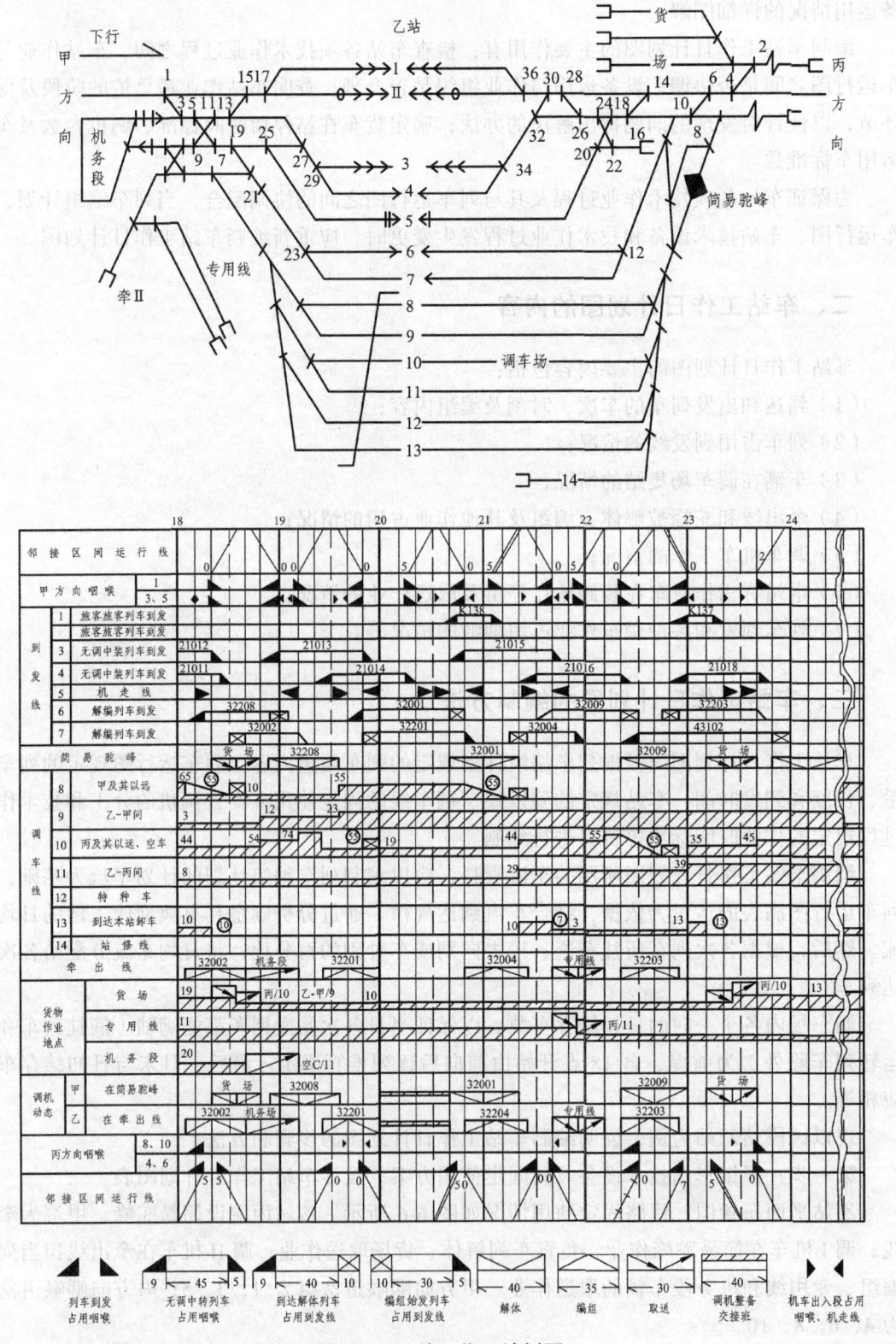

图 6-6 乙站工作日计划图

第二步：确定具有代表性的日均车流量，再结合车流到达规律，将日均车流分配给各次到达列车。

假定列车编组计划规定：乙站解体区段列车16列、摘挂列车4列，平均编成辆数为55～56辆（空重混编），按其编组内容所占的百分比，将车数分配给各次到达解体列车。各次到达解体列车编组辆数加总，应与车流汇总表中有调车数相等。其中18:00—24:00各次到达解体列车的编组内容如表6-8所示：

表6-8　乙站到达解体列车编组内容（摘录）表

方向	车次	辆数	到达时刻	编组内容
丙方向	32208	56	18:15	甲/45　乙—甲/11
	43102	28	22:30	甲/5　乙—甲/8　乙/15
	︙	︙	︙	
	计	485		甲/360　乙—甲/65　乙/60
甲方向	32001	56	19:50	丙/25　乙—丙/21　乙/10
	32009	55	21:40	丙/35　乙—丙/10　乙/10
	︙	︙	︙	
	计	445/35		丙/385　乙—丙/60　乙/35
全站全天合计		930/36		甲/360　乙—甲/65　乙/60　丙/385　乙—丙/60　乙/35

第三步：确定日初结存车数。

确定日初结存车数的过程，实质上是按去向逐列落实编组始发列车车流来源的过程。例如，列车运行图规定20:50始发丙方向32201次区段列车，编组内容包括丙及其以远重车35辆、空敞车20辆。按照乙站技术作业过程规定：编组作业时间为35 min，出发作业时间为30 min；20:00—20:40为调机整备及交接班时间；线路固定使用见大图所示。据此推定19:25开始编组32201，此时调车场10道内必须集结55辆丙方向车流，方可满足32201次编组需要。然而，从列车运行图上可知，在此之前并没有到达丙及其以远的车流，只有从机务段取回的20辆空车和从货场取回的10辆丙及其以远的重车，合计30辆。因此，可以初步确定调车场10道应有日初结存重车25辆。然后，再继续推定23:40始发丙方向的32203次列车的车流来源：从表中可看到，32001次列车中有丙及其以远车流25辆可供其编组使用，另有专用线取回11辆丙及其以远重车，仍缺19辆无来源，因此可将10道日初结存车数由25辆调整为44辆，以满足32203次编组需要。以此类推，直到各方向编组始发列车均有车流来源为止。

第四步：绘制车站工作日计划图。

绘制车站工作日计划图与绘制车站技术作业表的方法、步骤相似，但是各项作业占用设备的图例不同，且增加了一项列车到发、机车出入段占用咽喉道岔的内容。其绘制步骤及方法如下：

（1）根据列车运行图规定的各次列车到发时刻，绘制邻接区间列车运行线。

（2）根据到发线固定使用和列车运行经路，绘制各次列车占用咽喉道岔组、到发线的顺序和起止时分。

（3）根据始发列车编组的需要，合理安排调车机车解体、编组、取送作业，并按规定符号绘制调车作业和调机占用各项设备的起止时分。

（4）随时填记调车场、货物作业地点车流变化情况（包括车数、空重状态）。

（5）绘制机车出入段占用机车走行线和咽喉道岔组情况。

车站工作日计划图绘制完了后，应认真检查、分析、比较，并计算主要指标，必要时应进行调整，力求合理运用各项技术设备，各项指标符合规定。

四、车站工作日计划图的填画方法及图例

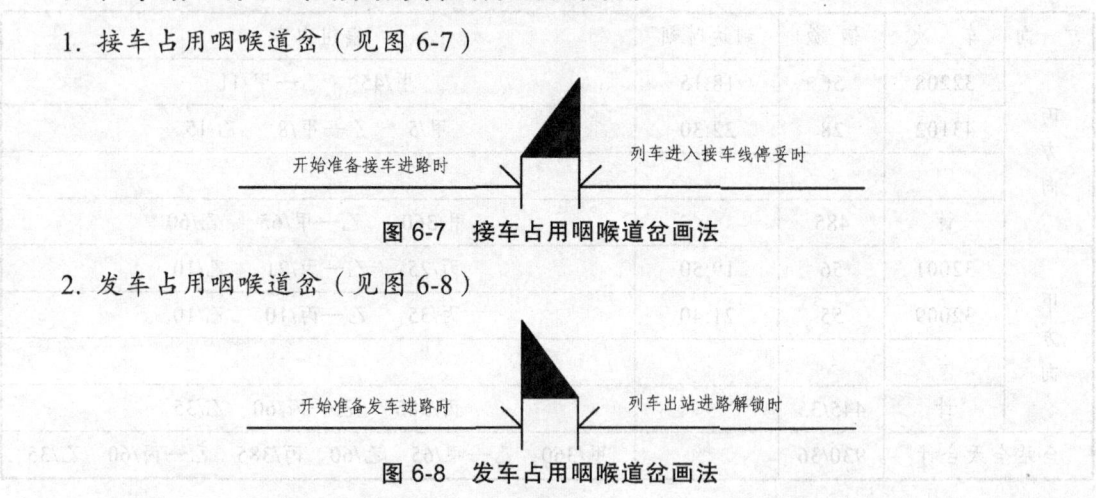

1. 接车占用咽喉道岔（见图6-7）

图 6-7 接车占用咽喉道岔画法

2. 发车占用咽喉道岔（见图6-8）

图 6-8 发车占用咽喉道岔画法

3. 机车出、入段占用咽喉道岔（见图6-9）

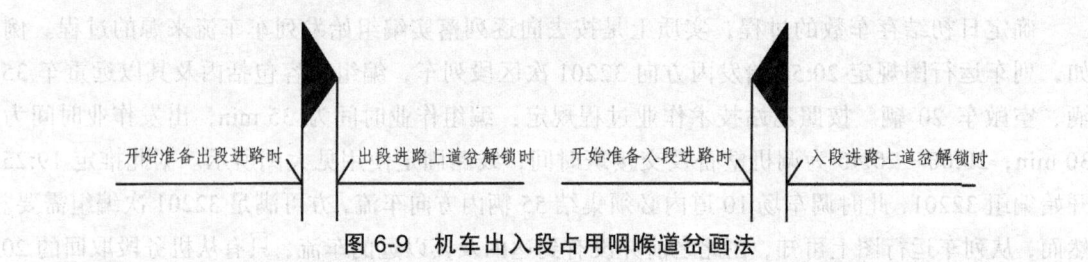

图 6-9 机车出入段占用咽喉道岔画法

4. 下行机车出、入段占用机走线及相关咽喉道岔的关系（以机务段在第三象限为例，见图6-10）

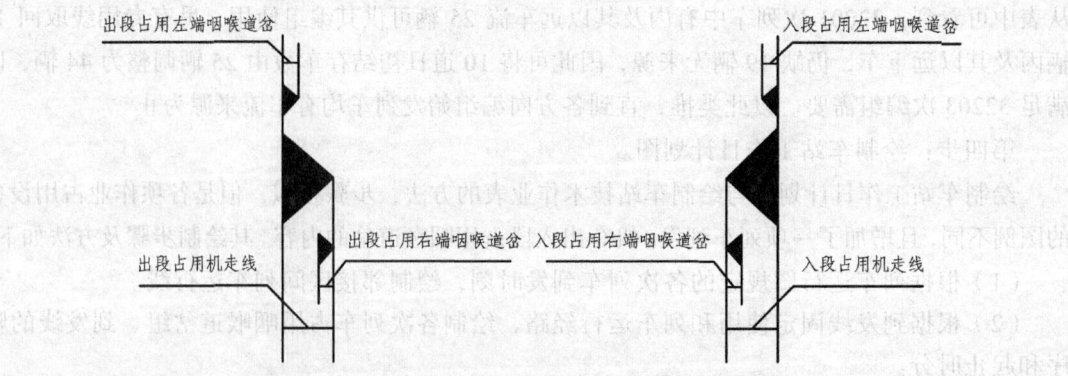

图 6-10 机车出入段占用机走线及咽喉道岔画法

5. 解体、编组转线占用咽喉道岔和到发线（见图 6-11）

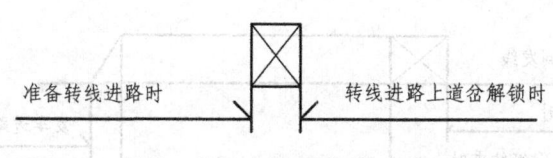

准备转线进路时　　　转线进路上道岔解锁时

图 6-11　解体、编组占用咽喉道岔及到发线画法

6. 取送车占用咽喉道岔（见图 6-12）

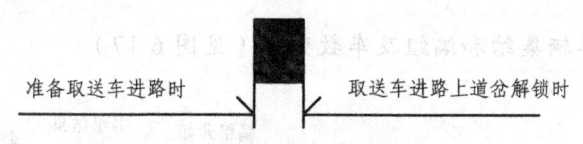

准备取送车进路时　　　取送车进路上道岔解锁时

图 6-12　取送车占用咽喉道岔画法

7. 解体、编组占用调机、驼峰、牵出线（见图 6-13）

解体车次　　　编组车次

解体开始　　解体结束　编组开始　　编组结束

图 6-13　解体、编组占用调机、驼峰、牵出线画法

8. 各种列车占用到发线

（1）无调中转列车占用到发线如图 6-14 所示。

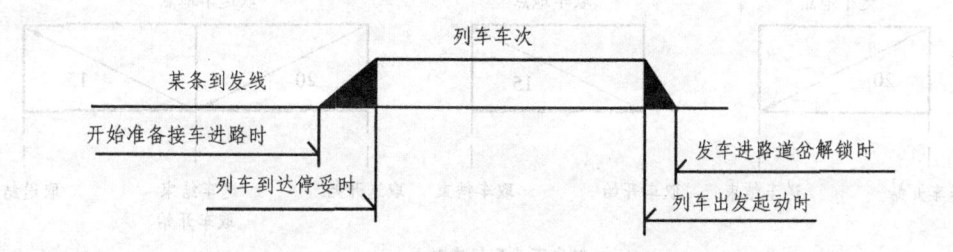

列车车次

某条到发线

开始准备接车进路时　　　　　　　　　发车进路道岔解锁时
　　列车到达停妥时　　　　　　　　　列车出发起动时

图 6-14　无调中转列车占用到发线画法

（2）到达解体列车占用到发线如图 6-15 所示。

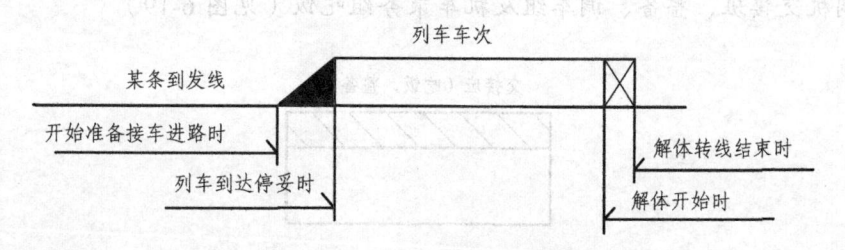

列车车次

某条到发线

开始准备接车进路时　　　　　　　　　解体转线结束时
　　列车到达停妥时　　　　　　　　　解体开始时

图 6-15　到达解体列车占用到发线画法

（3）编组始发列车占用到发线如图 6-16 所示。

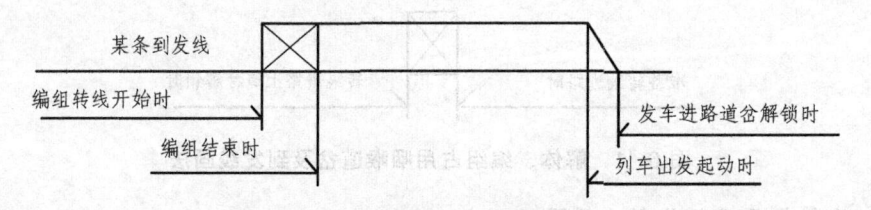

图 6-16 编组始发列车占用到发线画法

9. 调车线上的车辆集结和编组及车数变化（见图 6-17）

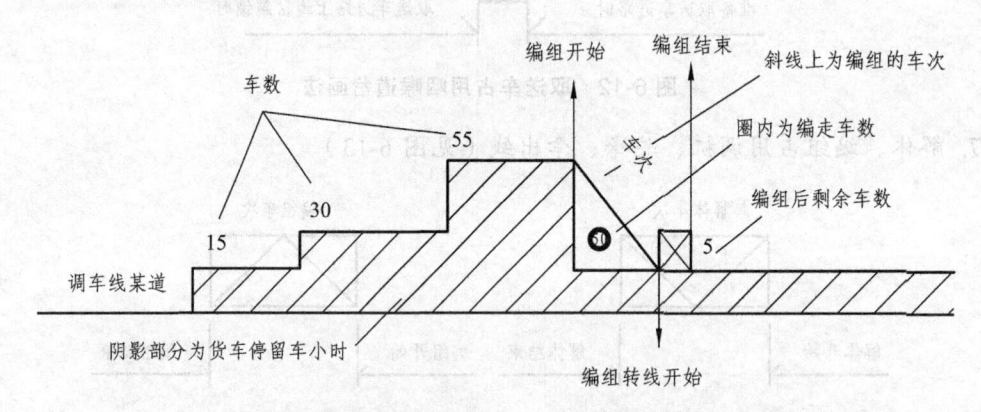

图 6-17 调车线上车辆集结、编组及车数变化情况画法

10. 取送车占用调机及取送车数、取送地点（见图 6-18）

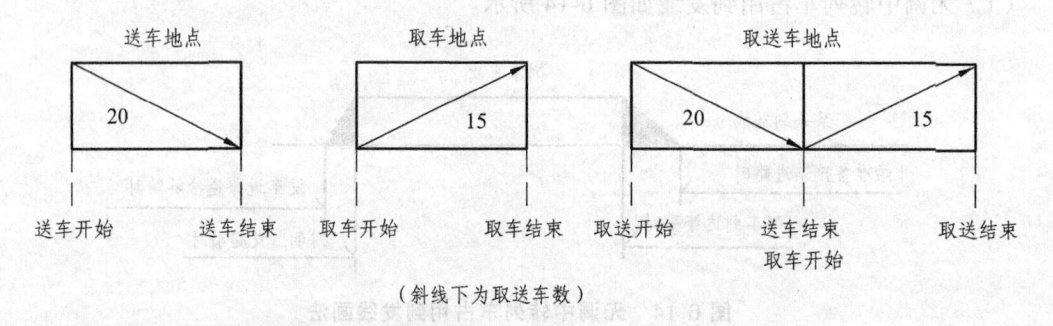

（斜线下为取送车数）

图 6-18 取送车占用调机、取送车数、取送地点画法

11. 调机交接班、整备、调车组及机车乘务组吃饭（见图 6-19）

图 6-19 调机交接班、整备、有关人员吃饭画法

12. 取送车作业相关情况（见图 6-20）

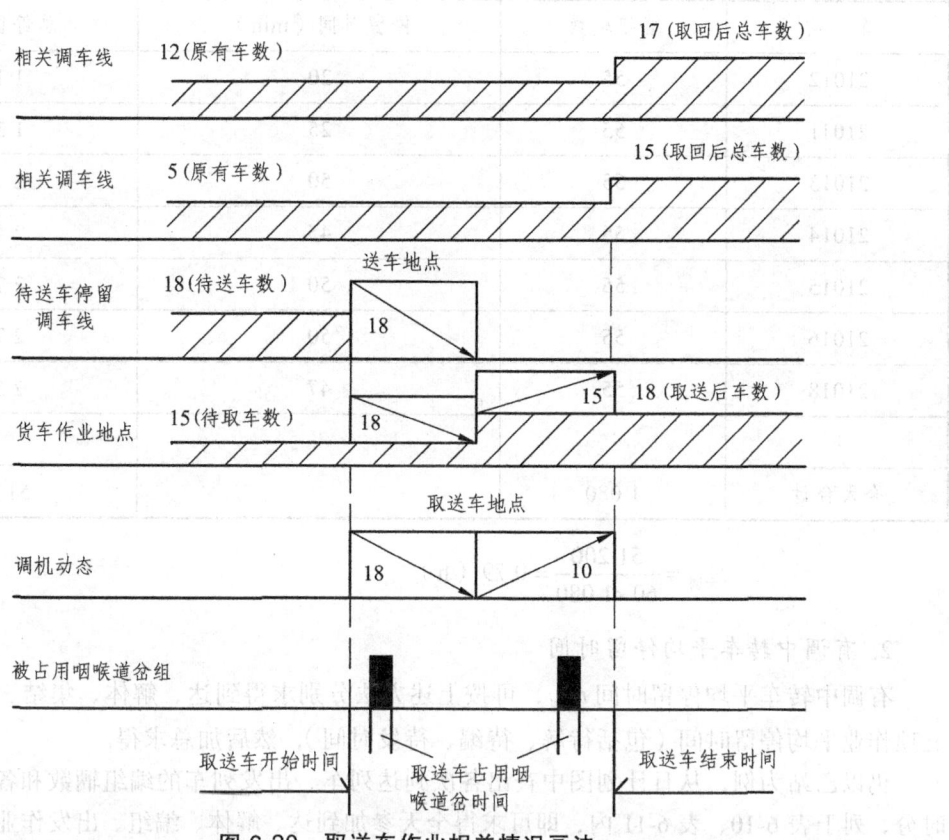

图 6-20　取送车作业相关情况画法

五、车站工作日计划图主要指标计算

车站工作日计划图主要指标有：中转车平均停留时间、货物作业车平均停留时间、车站运用车标准数、调车机车需要台数等。

（一）中转车平均停留时间

1. 无调中转车平均停留时间 $t_{无调}$

$$t_{无调} = \frac{\sum Nt_{无调}}{\sum N_{无调}} \text{（h）}$$

上式中的无调中转车数 $\sum N_{无调}$，可从车站车流汇总表中查得；无调中转车总停留车小时 $\sum Nt_{无调}$ 可从车站工作日计划图中逐列查出后加总求得。

例如，从乙站车流汇总表中查得乙站日均办理无调中转车数共计 1 080 辆，从乙站车站工作日计划图中逐列查出无调中转列车的编组辆数、停留时间（min），列于表 6-9 中，加总后可得出乙站无调中转车全天总停留车分，最后，代入上式即可计算出乙站无调中转车平均停留时间。

表 6-9　无调中转车平均停留时间计算表

车　次	编组辆数	停留时间（min）	总停留车分
21012	55	20	1 100
21011	55	25	1 375
21013	55	50	2 750
21014	55	45	2 475
21015	55	50	2 750
21016	55	50	2 750
21018	55	47	2 585
⋮	⋮	⋮	⋮
全天合计	1 080		51 200

$$t_{无调} = \frac{51\ 200}{60 \times 1\ 080} = 0.79\ (h)$$

2. 有调中转车平均停留时间

有调中转车平均停留时间 $t_{有调}$，可按上述方法分别求得到达、解体、集结、编组、出发五项作业平均停留时间（包括待解、待编、待发时间），然后加总求得。

仍以乙站为例，从日计划图中查出各次到达列车、出发列车的编组辆数和各项技术作业时分，列于表 6-10、表 6-11 内，即可求得全天参加到达、解体、编组、出发作业的车数及其总停留车分。

表 6-10　到达、解体作业平均时间计算表

车　次	辆　数	到达作业 作业时分	到达作业 车　分	解体作业 作业时分	解体作业 车　分
32208	56	40	2 240	40	2 240
32001	56	50	2 800	40	2 240
32009	55	40	2 200	40	2 200
43102	37	80	2 960	40	1 480
⋮	⋮	⋮	⋮	⋮	⋮
全天合计	965		41 688		38 793

$$t_{到} = \frac{41\ 688}{60 \times 965} = 0.72$$

$$t_{解} = \frac{38\ 793}{60 \times 965} = 0.67$$

表 6-11 编组、出发作业时间计算表

| 车 次 | 辆 数 | 编组作业 ||出发作业||
		作业时分	车 分	作业时分	车 分
32002	55	35	1 925	30	1 650
32201	55	35	1 925	50	2 750
32004	55	35	1 925	30	1 650
32203	55	35	1 925	45	2 475
⋮	⋮	⋮	⋮	⋮	⋮
全天合计	965		34 740		35 898

$$t_{编} = \frac{34\ 740}{60 \times 965} = 0.6$$

$$t_{发} = \frac{35\ 898}{60 \times 965} = 0.62$$

计算每车平均集结时间 $t_{集}$ 时，应先按调车场内每条集结线路查出一昼夜参加集结的车数及其集结车小时数，加总后即可求得全站参加集结的车数及其消耗的集结车小时。仍以乙站为例，从日计划图中查出调车场 8～11 道集结车数及集结车小时列入表 6-12 中，并据此求得每车平均集结时间。

表 6-12 集结时间计算表

股 道	集结车分	参加集结车数
8	$65 \times 5 + 10 \times 90 + 45 \times 75 + \cdots =$	$65 + 45 + \cdots = 440$
9	$3 \times 50 + 12 \times 45 + 23 \times 270 + \cdots =$	$3 + 9 + 11 + \cdots = 80$
10	$44 \times 50 + 54 \times 20 + 74 \times 15 + 19 \times 115 +$ $44 \times 50 + 55 \times 10 + 35 \times 40 + \cdots =$	$44 + 10 + 20 + 25 + 11 +$ $35 + 10 + \cdots = 385$
11	$8 \times 200 + 29 \times 100 + 39 \times 140 + \cdots =$	$8 + 21 + 10 + \cdots = 65$
全天合计	67 743	965
一车平均	$t_{集} = \frac{67\ 743}{60 \times 965} = 1.17$ （h）	

将上述五项作业平均停留时间加总，即可求出乙站有调中转车停留时间标准。

$$t_{有调} = t_{到} + t_{解} + t_{集} + t_{编} + t_{发} = 0.72 + 0.67 + 0.6 + 0.62 = 3.78\ (h)$$

3. 中转车平均停留时间 $t_{中}$

$$t_{中} = \frac{\sum Nt_{无调} + \sum Nt_{有调}}{\sum N_{无调} + \sum N_{有调}}\ (h)$$

(二）货物作业车平均停留时间 $t_{货车}$ 和一次货物作业平均停留时间 $t_{货}$

计算货物作业车平均停留时间 $t_{货车}$ 和一次货物作业平均停留时间 $t_{货}$ 的方法有两种：

（1）从日计划图中单独查出货物作业车总停留车小时 $\sum t_{货车}$ 和货物作业车数 $\sum N_{货车}$，并根据车流汇总表确定货物作业次数，代入公式即可求出一次货物作业平均停留时间 $t_{货}$ 和车平均停留时间 $t_{货车}$：

$$t_{货} = \frac{\sum Nt_{货车}}{u_{装}+u_{卸}} \quad (h)$$

$$t_{货车} = \frac{\sum Nt_{货车}}{\sum N_{货车}} \quad (h)$$

但是，这种方法比较费时，一般不采用。

（2）在求得有调中转车五项作业平均停留时间的基础上，从日计划图中单独查出货物作业车在调车场待送、在装卸地点停留的时间（包括待装、待卸、待取时间）及取送车时间，利用表格进行计算，然后按下式加总求得：

$$t_{货车} = t_{到} + t_{解} + t_{待送} + t_{送} + t_{作业} + t_{取} + t_{集} + t_{编} + t_{发} \quad (h)$$

$$t_{货} = \frac{t_{货车}\sum N_{货车}}{u_{装}+u_{卸}} \quad (h)$$

式中 $t_{作业}$——货物作业车在作业地点的平均停留时间，包括待装、待卸、待取时间。

（三）车站运用车标准数 $N_{保}$

车站运用车标准数（保有量）是指车站应经常保有的运用车数。它是根据各种货车的计划车流量和停留时间标准确定的，即

$$N_{保} = \frac{N_{无调}t_{无调} + N_{有调}t_{有调} + N_{货车}t_{货车}}{24}$$

$$= N_{保}^{无调} + N_{保}^{有调} + N_{保}^{货车}$$

式中 $N_{保}$——车站运用车标准数；

$N_{保}^{无调}$、$N_{保}^{有调}$、$N_{保}^{货车}$——无调中转车、有调中转车及本站货物作业车标准数。

（四）调车机车需要台数

调车机车需要台数，一般采用分析计算法进行概略计算，并于编制车站工作日计划图时加以验证确定。

利用分析计算法计算调车机车台数时，根据调车驼峰、牵出线及其他调车区完成规定的调车作业，一昼夜所消耗的总时间，并按下式进行计算：

第六章 车站通过能力与改编能力

$$M_{调} = \frac{\sum T_{调}}{1\,440 - t_{整}} \quad (台)$$

式中 $M_{调}$——调车机车需要台数；

$\sum T_{调}$——一昼夜内调车工作消耗的总时间（min）；

$t_{整}$——机车整备作业时间（min）。

调车工作消耗的总时间包括：解体、编组、摘挂、取送、转线、整场等调车作业消耗的时间。可用下式表示：

$$\sum T_{调} = \sum t_{解} + \sum t_{编} + \sum t_{摘挂} + \sum t_{取送} + \cdots + \sum t_{其他} \quad (min)$$

为了考核调车机车运用效率，一般采用调车工作系数（$K_{调}$）来衡量。调车工作系数是指调车机车每工作一小时平均改编的车数。其值可按下式计算：

$$K_{调} = \frac{60\sum N_{改编}}{\sum T_{调}} \quad (车/h)$$

式中 $\sum N_{改编}$——一昼夜内改编的车辆总数（车）。

技 能 训 练

一、已知：乙站计划车流汇总表如表 6-13 所示：

表 6-13　乙站计划车流汇总

由 \ 往		甲 方 向			丙 方 向			到达本站	合计
		乙—甲	甲及其以远	计	乙—丙	丙及其以远	计		
甲方向	无调车					327	327		327
	有调车				40	65/15	105/15	40	145/15
	计				40	392/15	432/15	40	472/15
丙方向	无调车		328	328					328
	有调车	40	90	130				35	165
	计	40	418	458				35	493
本站发出		5	20	25	5	10/35	15/35		40/35
合计		45	438	483	45	402/50	447/50	75	

要求：计算车站办理车数、中转重空车数、装卸车数、接入空车数、发出空车数、无调中转车数和 $\alpha_{无}$、改编车数和 $\alpha_{改}$。

二、某站丙方向某进路咽喉道岔组空费系数 $\gamma_{空}$ 为 0.20，作业量及作业时间标准见表 6-14：

表 6-14 某站丙方向作业量及作业时间

作业量（次）	$n_{货接}$	$n_{货发}$	$n_{客接}$	$n_{客发}$	$n_{单机}$	$n_{取送}$
	20	20	5	5	80	10
作业时间标准（min）	$t_{货接}$	$t_{货发}$	$t_{客接}$	$t_{客发}$	$t_{单机}$	$t_{取送}$
	7	6	5	4	2	10

（1）求一昼夜全部作业占用该进路咽喉道岔组的总时间；
（2）求该进路咽喉道岔组通过能力利用率；
（3）求该进路咽喉道岔组通过能力。

三、丁站衔接丙和戊两个方向，其到达场有 6 股到达线，其中一股为机车走行线，到达线空费系数 $\gamma_空$ 为 0.20，一昼夜各方向到达解体列车占用到达线的列车数和时间标准见表 6-15：

表 6-15 丁站一昼夜各方向占用列车数和时间标准

方向	列车种类	$t_接$	$t_到$	$t_{待解}$	$t_转$	列数 n	总时分
丙	直通	7	35	20	5	20	
	区段	7	35	22	5	4	
	摘挂	7	35	20	5	5	
戊	直通	8	35	20	5	24	
	摘挂	8	35	18	5	5	

要求：
（1）计算一昼夜全部作业占用该到达线的总时间；
（2）求该站到达线通过能力利用率；
（3）求该站到达线丙、戊方向通过能力。

四、已知：
（1）丙站平面布置情况如图 6-21 所示，机务段设在第Ⅲ象限；

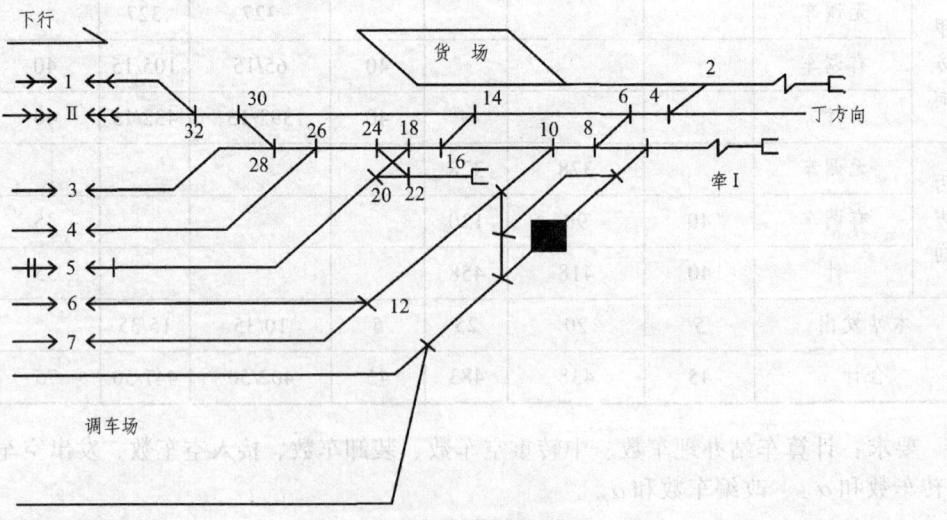

图 6-21 丙站平面布置情况

（2）到发线接发列车数见表 6-16；

表 6-16　行车量分配表（列）

股　道		1	3，4	6，7
接车	丁方向	客列 4，直通货列 3	直通货列 8、区段 1、摘挂 1	区段 5、摘挂 3
	乙方向	客列 4，直通货列 3	直通货列 8、区段 1、摘挂 1	区段 5、摘挂 3
发车	丁方向	客列 4，直通货列 3	直通货列 8、区段 1、摘挂 1	区段 5、摘挂 3
	乙方向	客列 4，直通货列 3	直通货列 8、区段 1、摘挂 1	区段 5、摘挂 3

（3）各项作业占用到发线的时间标准见表 6-17；

表 6-17　各作业占用到发线时间标准表（min）

列车种类		时间标准 $t_{停}$	$t_{接}$	$t_{出}$	$t_{牵}$	$t_{转}$	合计
无调中转列车		60	5	5			
区段列车	到　达	45	5		5		
	始　发	30		5		5	
摘挂列车	到　达	40	5		5		
	始　发	26		5		5	
旅客列车		13	5	5			

（4）旅客列车和直通货物列车在本站换挂本务机车；

（5）该端调机为Ⅰ调，负责解体及货场取送，每昼夜整备两次，定时取送 5 次，其具体作业量及作业时间标准见表 6-18；

表 6-18　Ⅰ调作业量及作业时间标准（min）

作业项目	每昼夜作业次数	每次作业辆数	每次作业时间
解体区段列车	12	55	30
解体摘挂列车	8	50	30
整　场	2		10
货场取送	8		40
机车整备及交接班	2		40
吃　饭	2		30

（6）各项作业每次占用咽喉道岔的时间标准见表6-19；

表6-19 占用咽喉道岔时间标准（min）

作业项目	旅客列车到达	旅客列车出发	货物列车到达	货物列车出发	机车出入段	货场取送	解体转线
时间标准	5	4	7	5	3	7	6

（7）左端调机为Ⅱ调，负责编组列车及专用线、机务段取送作业，其作业量及作业时间标准见表6-20；

表6-20 Ⅱ调作业量及作业时间标准（min）

作业项目	每昼夜作业次数	每次作业辆数	每次作业时间
编组区段列车	12	55	30
编组摘挂列车	8	50	35
专用线取送	8		40
机务段取送	4		25
机车整备及交接班	2		40
吃饭	2		30

（8）丁端咽喉道岔组占用时间计算表见表6-21；

表6-21 丙站丁端咽喉道岔组占用时间计算表

顺序	作业进路名称	占用次数	每次占用时分（min）	总占用时分（min）	各道岔组占用时分（min）			
1								
2								
3								
4								
5								
6								
7								
8								
9								
10								
11								

续表

顺序	作业进路名称	占用次数	每次占用时分（min）	总占用时分（min）	各道岔组占用时分（min）		
12							
13							
14							
15							
16							
17							
18							
19							
20							
合计	道岔组被占用总时分 $T_{总}$（min）						
	其中	固定作业时间 $\sum T_{固}$（min）					

（9）咽喉道岔组和到发线空费系数采用0.2，牵出线妨碍系数采用0.05。

要求：

（1）确定丙站丁端咽喉道岔组；

（2）计算咽喉道岔组和到发线通过能力及牵出线改编能力。

参考文献

[1] 中华人民共和国铁道部. 铁路货车统计规则[M]. 2版. 北京：中国铁道出版社，2008.

[2] 赵矿英. 铁路行车组织[M]. 北京：中国铁道出版社，2007.

[3] 刘婉玲. 车站作业计划与统计[M]. 成都：西南交通大学出版社，2013.